Heibonsha Library

マクルーハン理論

Explorations in Communication

平凡社ライブラリー

Marshall McLuhan and Edmund Carpenter (Eds.)
Explorations in Communication

Beacon Press, 1960

Printed in Japan

Heibonsha Library

マクルーハン理論

Explorations in Communication

電子メディアの可能性

M.マクルーハン＋E.カーペンター編著
大前正臣・後藤和彦訳

平凡社

本書はサイマル出版会より『マクルーハン入門』
として一九六七年に刊行され、八一年に
『マクルーハン理論』に改題されたものです。

目次

1部　マクルーハニズム

2部　コミュニケーションの新しい探求

日本の読者へのメッセージ

西洋科学の考え方では、科学は自然そのものの叙述であるとする。自然と科学は互いに照応ないし符合しているとする。ユークリッドとユークリッド的空間にみられるように、この考え方は現象が画一的であり、連続的であり、連結的であるとみる。

いまや私たちは、私たち自身の神経組織を情報環境に延長し、この環境は私たちの神経組織の多くの特性、私たちの感覚中枢の多くの特性をもつにいたった。この環境は私たちとかなりの程度同じように対象物に反応することができるように、予知力をもって反応することができるようになっている。

私たちが電子時代に発見したことは、西洋科学が無意識のうちに視覚に基礎をおいてきたということである。視覚に重点を置き、視覚を延長してあらゆる学問とあらゆる生産消費を支配させるにいたったのは、表音アルファベットによってであった。表音アルファベットが学習プロセスを支配するところでは、どこでも西洋科学を再発明できる。現代の問題は、私たちが私たちの全感覚を同時に延長する時代において、どのような科学ないし学問が生き残り、人類の要求に奉仕できるか、その科学ないし学問を見つけ出すことである。

「イメージの結果は、結果のイメージである」というハインリッヒ・ヘルツの有名な定理がある。これは、どのようなものが私たちの感覚生活に投入されようとも、投入されたものを経験するなかで形成されるイメージは、もとの投入されたものとはまったくちがう、という事実を指摘したものである。視覚的知覚作用は他のあらゆる感覚によって完成され、修正される。聴覚、触覚、味覚も同じである。

今日、新しい投入物に反応するのは私たちの感覚中枢だけでなく、情報環境も同様に反応する。この事実はしばしば無視されるようだ。ある教室での次の笑い話にみられるように。

教師「現代はトマス・エジソンからどのような恩恵を受けているか」

学生「エジソンがいなかったら、ローソクでテレビを見なければならないと思います」

マーシャル・マクルーハン

テレビ時代の人間像——新版に寄せて

本訳書の初版が出たのはいまから一三年前、いわゆる〝マクルーハン・ブーム〟の最中であった。ブームは文字どおりブームとして消え去ったが、この本は以来、途絶えることなく新しい真面目な読者の手に渡っている。読者の輪は静かに、しかし着実に広がってきた。

この事実は普通、ブームと呼ばれるものが嵐のように通過したあとには、ほとんどなんの痕跡も残さないものだ、ということを考えると不思議にすら思える。ブームそれ自体を分析するというのであれば話は別である。そうではなくて、提起された問題をじっくり考えてみようという持続的関心がここにはみられるのである。

騒々しいブームの中では、なかなか腰を落ち着けて問題の本質を見極めるということはむずかしい。ブームの激しい渦巻きの中に自分も巻き込まれてしまう。やがてブームの終焉とともに大事なものまでも一緒に葬られてしまう。しかし、ブームの局外にあって真に関心を寄せていた研究者は、ブームの終焉をむしろ歓迎した。ようやく本当に読むときがきた、と彼らは考えたのである。

ただ不幸なことに、日本の出版界の常識として、いまではすでに肝心の書物を手に入れることはむずかしくなっているのである。辛うじて本訳書が、そうした関心の持続と新しい展開のための重要な手がかりとなっている。

マクルーハンは、一九六〇年代以降、いよいよわれわれの日常生活の中に隙間なく浸透したテレビに着目し、テレビとともにある今日の時代の新しい人間像の問題を、彼一流のレトリックで提起した。少し大げさにいえば〝テレビ時代の新しい認識論のために〟というところである。

実際のところ、マクルーハンの問題提起に学者、研究者は今日にいたるも十分に答えを出していない。コミュニケーション研究者はもちろんのこと、教育過程をコミュニケーションの角度からみている教育研究者、芸術活動をメディアとの関係でとらえている美術評論家、さらにはわれわれの衣服までもメディアとしてみようとしているファッションないし風俗研究者、いずれもマクルーハンの提起した問題の受け止め手のはずである。

問題の提起に十分に正面から答えていないことを、これら研究者、専門家は自覚している。

だからこそ関心は持続しているのである。一九八〇年も暮れの一二月三一日、彼は六九歳で死去し、改めてそのメディア論の衝撃性が報じられたが、マクルーハンはこうした人たちにとって、あるいはわれわれにとって、今後もつねに気になる存在なのである。

*

マクルーハンは、テレビ時代の新しい人間像の問題を提起した。そしていまや、そのテレビ自体も大きく変化しようとしている。

マクルーハンは、例えば通信衛星によって、世界が一つの村のようなものになる、といった。果たしてそのようなことになるのかどうか、議論は決着していない。議論の決着をみぬうちに、通信衛星は地上のケーブル・システムと結びついて新しいコミュニケーション形態をつくり出してきている。

もともとは各地域の閉鎖的な有線組織であるケーブル・システムが、拡大的で開放的な通信衛星と結びついて、従来のテレビでは考えられないほどの多様な情報サービスを行う可能性が出てきた。

また、ケーブル・システム自身の拡大もマクルーハンの予想しなかったところである。通常のテレビが中央から四方への一方向的な大量通信であるのに対して、新しいケーブル・システムは、利用者との間の双方向性の実現を一つの大きな目標としている。個々人が自分が知りたいと思うことを、望む情報の形態で、欲しい時に手に入れることができる総合的なテレ・コミュニケーションのシステムの時代へと入りつつある。

あるいはマクルーハンにもっと引きつけてみれば、マクルーハンが過去になったといった文字の、新しいかたちでの復活ということもある。テレ・コミュニケーションの新しいシステムとして、家庭内のテレビ受信機——それは必ずしも放送のテレビのための受信機である必要はないが——に文字と数字、それに若干の図形で情報を出すものが、すでにヨーロッパの一部では実用化されている。日本でもこれは実験中である。テレ・コミュニケーション時代の文字情報という新しい問題すら出てきている。

しかし、こうしたコミュニケーション技術の新しい展開は、いずれもテレビを前提とし基盤としている。印刷技術がグーテンベルクの聖書からスタートして今日まで、驚くべく多様な印刷物の形態を生んでいるように、娯楽とニュースの放送でスタートしたテレビの技術も、今後どこまで多様なメディアの形態を生み出すかわからない。

われわれが放送のテレビだけをテレビとして固執することさえしなければ、いまも、そしてこれからもテレビの時代なのである。人類文明の歴史の観点からみるならば、テレビの時代はむしろ始まったばかりだ、といった方がいいのかもしれない。

コミュニケーション技術がさらに新しい展開をみせようとしている今日の段階で、技術に振り回されることなく人間の問題としてコミュニケーションを考えることは、きわめて重要といわなければならない。

今回、組み版を新たにし、訳語その他に若干手を入れて改めて本訳書を世に送り出すのに際し、訳者の一人としてその意義について記してみた。じっくりとマクルーハンを読もうという読者に、この新しい版が親しく受け入れていただけるものになることを心から期待したい。

最後に、本訳書にこのように新しい生命を吹き込まれることを決断されたサイマル出版会の田村勝夫社長に、深い敬意を表したい。

（一九八一年一月）

後藤　和彦

マクルーハン理論のエッセンス――訳者まえがき

マクルーハン理論なる〝怪物〟がいま日本を徘徊している。だが、その正体はなかなかつかめない。

途方もなく大きい、とふれまわる人がいて、その叫び声の大きさに人びとはうなされたものの、どこがどのように大きいか見当がつかないままである。これに反発して、まやかしだと警鐘を鳴らす人も出てきたが、そのまやかし性をあばいてはくれない。

いったいマクルーハン理論の正体はなんだろうか。そもそも正体があるのだろうか。こうした疑問に答えようとして訳出されたのが本書である。

本書のテキストは、マーシャル・マクルーハンおよびエドマンド・カーペンター両教授が編集した *Explorations in Communication* (Beacon Press, 1960) である。同書は両教授が一九五三年から五九年にわたって共同編集者として発行したコミュニケーション専門誌 *Explora-*

tions（探求）に寄せられた論文を集めたもので、マクルーハン自身も述べているように貴重な文献である。

日本語版発行に当たって私たちは、同書のほかに、日本の読者のためにマクルーハンの高弟の一人であるジョン・カルキンの「マクルーハン理論とは何か」と、マクルーハン教授の講演「テレビとは何か」を特別に加えた。

カルキンはニューヨークのフォーダム大学コミュニケーション学部長であるが、この論文は、独特の〝モザイク的〟表現のため、その理論の核心がつかみにくいマクルーハンの根本的考え方を、明快に〝線的〟に解説している。

また、マクルーハン教授の講演は、テレビがもたらした人間の感覚の変化、環境の変化を明確に指摘し、将来宇宙通信衛星による情報が地球上をおおうとき、人間はどのようになるか、地球はどうなるかを予測している。そこには壮大な黙示録的響きがあり、その考え方が集大成されているものである。これはテキサス、スタンフォード両大学共催セミナー「商業テレビの意味」（一九六六年）で行なった講演であるが、教授にお願いして本書にとくに収録させてもらった。

いうまでもなくマクルーハンの考え方は、主著『メディアの理解』（邦訳『人間拡張の原理』

後藤和彦訳、竹内書店）に展開されているわけであるが、文字のない時代から宇宙中継の時代までの、コミュニケーションを探求した本書には、マクルーハニズムの理論的エッセンスがあり、マクルーハニズムの最良のテキストになっている。

＊

次に簡単に本書の内容についてご紹介しておきたい。

1部の冒頭「聴覚的空間」は、同教授の高弟であり、研究協力者でもある人類学者エドマンド・カーペンター博士との共同執筆である。マクルーハン理論の根本的アプローチの一つ「文字を知る前の人間は〝耳による空間〟に生きていた。人間にとって耳が目よりも重要であった」の考え方がここからうかがわれよう。

「言語に与えた印刷物の影響」は、しっかりした学問的労作で、マクルーハン教授はここで印刷物ができてから言語がどのように変わったかを、英語を例にとって探求している。この方面に関心のある読者にはとくに興味深いだろう。「メディアの履歴書」には、マクルーハン流の警句が出てくる。人類は新しいメディアをうまく使いこなさないといけない、というのがこのエッセイの趣旨である。

「メディア・アフォリズム」は、まったくマクルーハン的な警句集である。文字、活字、写真、映画、電話、蓄音機、ラジオ、テレビがどのように人間の感覚を変え、人間環境を変えたかを警句によって鋭くついている。彼はこう結んでいる。「われわれは音の空間に戻ったのである。われわれは三千年の文字教養の歴史によって引き離された原初の感情と情緒を、再び自分のものにしはじめているのである」と。

「壁のない教室」は、発表当時かなり反響を呼んだ小論文である。いまや教室の壁をとり払って、マス・メディアを新しい言語として〝楽しく学ぶ〟ことが必要だと力説している。1部の最後を飾る「テレビとは何か」についてはすでに述べた通りである。

マクルーハン理論の発想を知る手がかりとして、2部には一一編（ライブラリー版では一〇編）の論文を収録した。マクルーハン教授は、彼の研究協力者、同僚学者の研究観察にヒントを得ていることが実に多い。その最大の協力者がカーペンター博士である。博士の「新しい言語」は著名な論文で、テレビ、ラジオ、映画を〝新しい言語〟としてそれぞれの特性を探求せよと主張している。

マクルーハン教授の根本的考え方の一つに、人間は視覚的文字だけによってコミュニケーションを行なっているのではない、というのがある。触覚も大きな働きをしている。たとえば、人間は母親の胎内にいるときから、身体全体の触覚によって母親とコミュニケーションをするのだ、というのが心理学者ローレンス・フランクの「触覚的コミュニケーション」である。

また人間は、顔をしかめるとか、まばたきをするとか、言語によらない視覚的コミュニケーションを多く行なっており、それが重要な役割を果たしているというのが人類学者レイ・バードウィステルの「キネシクスとコミュニケーション」である。

マクルーハン教授はよく、「電気時代には一つの固定した視点はなくなる」という。この発想のカギを知りたい読者には「先史芸術の空間概念」（S・ギーディオン＝ハーバード大学客員教授）と「動く目」（ジャクリーヌ・タイアウィット＝ハーバード大学教授）をおすすめする。人間が垂直、水平の固定した面でものごとを見るようになったのは、活字時代からのことで、それまでは自由自在な面感覚をもっていたことを具体的に奥深く観察している。ここにもマクルーハン理論の発想の秘密がうかがわれよう。

フランスの有名な画家フェルナン・レジェは「純粋な色」で、ものごとに付着した色でなくて、色そのものの美しさを強調している。またわが国にもよく知られているハーバード大学のデイビッド・リースマン教授は、「口頭と文字のコミュニケーション」で、文字を知らない民族と文字を用いる民族におけるコミュニケーションの差異を具体的に観察報告している。

英ケンブリッジ大学聖キャザリンズ・カレッジのH・J・チェイター学長は、「読むことと書くこと」で、読み書きにおける感覚作用を観察し、人間はもともと本を読むのに聴覚作用を活用したものだと報告している。また、ペンシルベニア大学コミュニケーション学部長のギルバート・セルデスは「コミュニケーション革命」で、テレビ・ラジオの電子媒体が、印刷物とは比較にならぬほど多くの享受者を持っていることを指摘している。

最後に収めた故鈴木大拙博士の「仏教における象徴主義」は、俳句を例にとり、東洋の象徴主義と西欧の象徴主義のちがいを鋭く解明している。マクルーハン教授にひそむ東洋的直観への志向は、鈴木博士らによる禅からの啓発に負うところが大きい。

これらの論文を通して読者はマクルーハン理論とはどのようなものか、それはどのようにしてできあがり、どのような意義を持つかについて理解することができるであろう。

＊

マーシャル・マクルーハン教授は、一九一一年カナダのエドモントンに生まれ、マニトバ大学で英文学を専攻。さらに、イギリスのケンブリッジ大学に留学、のちに同大学で英文学の博士号を取った。北米ではウィスコンシン大学などで教え、現在はカナダのトロント大学に籍をおいている。もともと英文学者であるが、アメリカでは〝コミュニケーション理論家〟ともいわれ、六六年九月からニューヨークのフォーダム大学コミュニケーション学部でカルキン、カーペンター教授ら高弟と、メディアの研究と講義を行なった。著書に *The Mechanical Bride* (1951), *Gutenberg Galaxy* (1962), *Understanding Media* (1964), *The Medium is the Massage* (1967) がある。

マクルーハン教授は、とくに本書の読者のために、冒頭にかかげたメッセージを寄せられた。ここに同教授への感謝の言葉を述べさせていただきたい。

本書の翻訳には、後藤和彦氏が主としてマクルーハン論文を担当、その他は私ほか、高橋正、笠原佳雄、上之郷利昭、松島恵之の諸氏が当たった。

最後に、本書の出版を企画進行されたサイマル出版会の田村勝夫社長、生田栄子専務に、訳者を代表して厚くお礼を申しあげたい。

（一九六七年一一月）

大前　正臣

マクルーハン理論とは何か

ジョン・M・カルキン

教育とはなんだろうか。

「子供がものをおぼえることだよ」と七歳の子供が私にいう。これ以上の定義はないだろう。この定義には必要欠くべからざるものがみな入っている。誰が、なにを、どうする、ということである。この定義には、たまたま学習に関係のある人間とかその他のことはみな省かれている。しかし、この定義が経済的であり正確であることは、問題解決よりも問題をつきとめるうえで有益である。

私たちは「子供」についてあまりよく知らない。「ものをおぼえる」ことについてはもっと知らない。「もの」については、知りたくない以上に知っている。

そのうえ、正式の学校教育のプロセス全体はいまやスピードアップされたテクノロジーの変化の環境に包みこまれている。この変化は絶え間なく「子供」と「ものをおぼえる」ことと「もの」に影響を与えている。このテクノロジー革命のジェット機的な超スピードに、とくにコミュニケーションの分野における超スピードに、私たちはただ反応するだけで、よく考えてみるだけのひまがない。

子供たちの頭も電子環境によってそのテンポ、情報、関連性がプログラミングされているのに、学校では、いまなお昔ながらの公理に基づいた教室授業法によって教育が行なわれている。この二つの世界の冷戦のために、生徒も学校もとまどっているのが現状である。

これだけは確実にいえる。教師としてはもはや郷愁とか、臆病さとか、古臭い原理で教育計画を立てるべきときではない、と。ここにマーシャル・マクルーハンが登場する。

現代を現代の目で

彼はカナダ・トロント大学から世に出た。トロント大学では英語を教え、「文化とテクノロジー研究所」の所長でもある。彼は〝電気時代の予言者〟とか〝二〇世紀におけるもっとも挑発的で論議の多い文筆家〟の名声をもって登場した。

学校にとってもっとも重要なことは、彼が新鮮な目と、昔ながらの問題を新しい方法で見る人間として登場したことである。

彼はまずアイディアが浮かんで、あとで判断する人間である。これらのアイディアのほとんどは*Understanding Media*（邦訳『人間拡張の原理』）に要約されている。

彼を批判する人は、彼が自分の考えを明瞭かつ具体的に伝えていないと非難する。しかし、一人の人間にブドウをつぶさせ、ブドウ酒まで持ってこさせるのは不当であろう。

マクルーハンのすべてが新しいわけでも、真実でもないが、本当は誰の理論でも全部が全部新しいわけでもない。

マクルーハンの次の言葉はひどく謙虚である。「私はただまったく前例がなく、いままでのどの世界にも似ていず、どんな知覚方法も役に立たない世界を調べることを試みるだけである」と。

この未探求の世界が現在の世界である。マクルーハンは、現在を現在の目でもって見る人がほとんどおらず、たとえいたとしても現在をバックミラーでのぞいて過去に還元し、それによって現在を見失っていると考える。

現在注意されていない事実は、新しいコミュニケーション・メディアによってつくられた電子環境である。それは私たちが呼吸する空気のようにあたりにみなぎっている（なかには汚染されているという人もいる）が、その重要性は常識的な判断をする人や、ものごとの内容だけを重視する人にはわからない。

いろいろなメディアによって新しい環境がつくられるが、それは人間にとっても単なる容れ物ではない。それは人間を形づくるプロセスである。このような影響は無視放任すれば、いずれ決定的な作用を及ぼす。人間の方で何が起きつつあるか考える意欲さえあれば、その作用は決定的ではなくなる。

理論家というものは、長い間、現実を寄せつけないでもいられる。しかし教師や管理者はそれができない。教師たちは一日中現実の中に閉じこめられている。教師は囚人のように、電気時代の生徒たちと一緒に、昔ながらの筆箱のなかに閉じこめられる場合が多いのである。

それにいちばん困っているのは、もっとも優秀な教師ともっとも優秀な学生である。彼らは絶えず現代のやり方に挑戦しているからである。現在の制度こそ検討されなくてはならない。

教師や学生は「こいつはおれたち二人より大きいや」といってもよいのではないかと思われる。ちょっとした善意や、ちょっと余分に猛勉強するだけでは改善されるものではない。

問題はこの新しい子供と新しいメディアをどう理解するかということであり、学校にこの新しい電子環境をどう処理させるかということである。容易ではない。しかし昔のやり方を弁護する人たちが昔のものの価値を弁護し、維持することは確実にできなくなるだろう。一部の人にとっては、これらの新しいテクノロジーを分析することは、自動的にそれを容認することを意味する。彼らの世界はあまりにも〝すべきである〟でいっぱいなので、〝である〟にしぼることはむずかしい。マクルーハンはもっと積極的な探求路線を教える。

「現在、原因とプロセスを理解することが重要である。その目的は、印刷物と新しいテクノロジーに対する認識を養い、これらを合奏させ、相互のフラストレーションと衝突を最小限にくいとめ、教育過程において、各メディアから最上のものをひき出すことである。現在のようにメディアが対立すれば、学習の動機は失われ、過去のすべての業績に対する関心は薄くなるだろう。関連性の感覚も失われるだろう。メディアの文法を知らなければ、現在生きている世界を認識することは望めない」

メディアはメッセージ

すべての既成の観念を揺るがすのは真の天才の特典だそうだ。マクルーハンは彼が使っているメディアとメッセージで人びとを悩ませている。彼の考えは人びとの現実に対する普通の見方に挑戦する。彼の考えは人間の経験のあらゆるものに触れるので、たいへん深刻で個人的な脅威をつくり出す。彼の考えは既成体制を脅かす。既成体制は彼が疑惑を投げかけている公理のもとで動いているからである。歴史をみても、既成体制はそれを揺るがしにくる人間を歓迎しない。

彼の使っているメディアの方が、そのメッセージよりやっかいかもしれない。いちばん初期の著作から、彼は自分の仕事を〝コミュニケーションの探求〟と呼んできた。いま彼がもっともひんぱんに使う言葉は、“probe”（さぐる）という言葉である。

彼の書いた本は読者に高度の参加を要求する。彼の本は論理的・分析的でなくて詩的・直観的である。構造からみると、一つの文章が単位となっている。ほとんどがトピック的な文章であり、展開されないままである。スタイルは話し言葉で、とぎれがなく、曖昧なことも多い。これは別の種類のメディアとなっている。

「メディアはメッセージである」と彼は一、二年前にいった。それは神秘的な断固としたアフォリズムであって、その意味はいまなお探求されている。

彼の最近作は、彼の理論を挿画や写真をつけて扱ったポケット本で、書名はふざけて『メディアはマッサージ』。

「メディアはメッセージである」の定理には四つの意味が含まれる。そのうち三番目が重要である。

第一の意味は「メディアはメッセージ」と口でいう方がよく分かる。メディアこそ調査すべきであり、メディアこそ人びとが忘れているものだ、ということである。

人びとはみな内容にひっかかっている。しかし、形式、構造、フレーム、すなわちメディアに注意を払え、ということ。駄じゃれこそ本当のものである。メディアこそ本当のものである。マクルーハンは注意をひくため、真理を逆立ちさせた。それではなぜメディアに注意を払わねばならないか。それはこの定理の他の三つの意味から答えられる。

第二の意味は、メディアと内容の関係を強調したものである。

コミュニケーションの形式は内容を変えるだけでなく、それぞれの形式はまた特定の種類のメッセージに適している。内容はいつもなんらかの形式で存在し、したがってある程度までその形式の力学によって支配される。メディアを知らなければ、メッセージもわからない。エドマンド・カーペンター博士は、これを要領よく次のようにいっている。

「英語はマス・メディアである。すべての言語はマス・メディアである。新しいマス・メディア、すなわち映画、ラジオ、テレビは新しい言語である。ただ、その文法はまだわかっていない。それぞれのメディアは現実をそれぞれちがった風に構成する。それぞれは独自の形而上学を秘めている。言語学者はいう。十分に言葉や映像を使えば、どんな言語においてでも、どんなことでもいえると。しかし、それだけの時間がない。文化としては当然メディアの特性を開拓しなければならない」

人びとに伝えられるものはいつも〝形式のなかの内容〟である。この意味で、メディアは共同メッセージである。

第三の意味は、メディアと人びととの心との関係を強調したものである。メディアはそれを使う人間の知覚習慣を変える。内容と関わりなく、メディア自体はなかに入ってゆく。

文字がなかった時代の文化、文字文化、文字後の文化は、それぞれ世界をちがった色めがねで見る。メディアは内容を伝える過程においても人びとの感覚に働きかける。この微妙な洞察を伝えるために、マクルーハンは「メッセージ」をもじって「マッサージ」ともいった。これはメディアが中立的なものでなく、人びとになにかをするものだという事実に注意を向けさせたかったのである。事実、メディアは人びとをつかみ、揺すぶり、転がしまわし、マッサージする。メディアは人びとの心の窓を開いたり、閉じたりする。

証拠があるだろうか。よろしい。外をのぞいてテレビ世代を見たらよい。彼らは部族的人間に戻るにつれ、ものの生地《きじ》と動きと色彩と音を再発見しつつある。テレビは本当につかみかかる。テレビは使われずに鈍くなった感覚を本当にマッサージする。

第四の意味はメディアと社会の関係をとりあげる。ホワイトヘッドは「文明の大きな進歩は、その進歩が起きる社会をほとんど粉々にこわすような過程である」といった。メディアは人間だけでなく社会もマッサージする。

しかしその結果は、長い間注意されないでいる。人びとは新しいものを前からのものにちょっと毛が生えたぐらいにしかみない傾向があるからだ。ホワイトヘッドをもう一度引用しよう。

「一九世紀最大の発明は、発明の方法の発明である。新しい方法が生まれてきた。われわれの時代を理解するには、鉄道、電信、ラジオ、紡織機、合成染料などのこまごました変化を無視することである。われわれは新方法そのものに研究を集中しなければならない。これこそ古い文明の基礎をこわした真の新しいものである」

メディアもしくはそこに関連するプロセスを理解することがメディアを制御する鍵なのである。

メディアは内容と使用者の両方を形づくるが、実際それと気づかれないうちに形づくる。あるロシアの労働者が毎日工場を出るとき、手押し車を検査されたが、実際には手押し車そのものを盗んでいたという話がある。メディアはメッセージなのに、人びとが内容だけ調べていたら、たとえば手押し車のように、たくさんのものを見落とすことになる。見落とされていたものは絵でなくて額縁なのである。中身でなくて箱なのである。真っ白いページは中立ではない。教室も中立ではない。

マクルーハンの文章は、アフォリズムと洞察と実例でいっぱいであり、繰り返し出てくる同じテーマをめぐってゆるやかに漂う無関係のことがらでいっぱいである。彼の著作は、はっきりした地図でもって探検したがるきちんとした人には、日曜大工用の生の材料のようなものである。

マクルーハンの五つの定理

次に、マクルーハンの考えを簡単にまとめてみよう。過去の四千年近くの年月を考え、そこから五つの定理をあげてみよう。マクルーハンをつかむ指針として役立つと思う。

(1) 紀元前一九六七年——全感覚が行動に参加した

便宜上、紀元前の対照的な年を選んでみた。部分的には現在と似かよった面がある。この年にはまだ、フェニキアでアルファベットがつくられていない。ニューギニアのジャングルや北氷洋の原始的人間から、前文字人《プレリテレイト》〔文字が出現する以前の人〕は〝すべてのものが一時に〟の感覚の世界に住んでいることが知られる。あらゆる方向からおそいかかる現実は、視覚と聴覚と嗅覚と味覚の多方向性のアンテナによってキャッチされる。

「狩猟者」「北方のナヌーク」などの映画には、西欧の文字人《リテレイト》を不思議がらせるような全面的な敏感さでもって獲物を追う原始人が描かれている。彼らはまた私たちを不思議がる。そして、諸文化間のすり合いがきわめて貴重なのは、この相互に不思議がることからである。

たいていの人びとは、自分たちの世界の見方が唯一の見方だと思いこんでいる。同じような人間といる限り、自分たちの見方に絶対に疑惑をもたないかもしれない。人びとはびっくりするような極端な対照によって、自分たちのぼんやりした知覚上の偏見を知るものだ。

北極近くにエスキモー〔イヌイット〕が住んでいる。典型的なエスキモーの家族は父親と母親と子供が二人、それに人類学者が入りこんでいる。人類学者はエスキモーを調べるために彼らの家にゆくと、自分自身についていろいろたくさんのことを知るものである。

エスキモーは絵や地図をあらゆる角度から同じように見る。テーブルの上にでも下にでも同じように絵を描くことができる。彼らはまたすばらしい記憶力をもっている。目じるしは何もないのに、白一色の世界を旅し、移り変わる海岸線の地図を学問的にも正確にスケッチすることができる。〝雪〟を四、五〇ものちがったいい方で呼ぶ。そして線的な性質のない、音響的空間に住んでいる。彼らはエスキモーである。彼らが世界を知覚する自然なやり方は私たちが世界を知覚する自然なやり方とはちがうのである。

それぞれの文化は、環境の要求に応じてそれ自身の感覚のバランスを発達させる。きわめて一般的にいえば、人間の認識と知覚の形式は、自分が属している文化、自分たちがしゃべる言葉、自分たちが接しているメディアによって影響を受ける。いうなれば、文化によって人びとはそれぞれちがったためがねを与えられる。知覚のちがいは程度問題である。なかには知覚パターンが非常に接近しているので、ちがいが気づかれないで済む二つの文化もある。エスキモーとアメリカの一〇代のように、私たちとは非常にかけ離れているので、審美的な距離間を与えるような文化グループもある。

(2) 技術は人生を模倣する

エドワード・T・ホールは『沈黙の言葉』で、あらゆる技術とテクノロジーは人間のなんらかの肉体的ないし心理的要素の延長だという命題をあげている。今日、人間はかつて肉体でやっていたほとんどあらゆることをものに延長した。手の代わりに石斧、足の代わりに車輪、目の代わりにめがね、声と耳の代わりにラジオ、金銭はエネルギーの貯蔵方法というように。

　このような個々の専門的機能の外延化は定義上からいうと今日最高度に進んでいる。電信、電話、ラジオ、テレビのような電子メディアによって人間はいまや自分自身の体内にあるのと同じような神経組織を世界に強くはりめぐらせるにいたった。ケネディ大統領が撃たれたとき、世界は一瞬、弾丸の衝撃によろめいた。空間と時間は電子状況のもとで解消した。

　現在みられる国連、共同市場、全キリスト教会にたいする関心は、新しい集合、統一へのこの有機的な衝撃を反映している。いま電気時代にあって、私たちの延長された機能と感覚は経験の単一な即時の共存的な場を構成する。それはすべてが同時である。それはすべての人によって分かち持たれる。マクルーハンは世界を〝全世界村《グローバル・ビレッジ》〟と呼ぶ。

(3)　生命は技術を模倣する

　私たちは道具を形づくり、次に道具が私たちを形づくる。私たちの感覚のこうした延長は私たちの感覚と相互作用を始める。これらのメディアはマッサージとなる。環境における新しい変化は諸感覚間の新しいバランスをつくり出す。孤立して作用する感覚は一つもない。ほとんどあらゆる感覚経験において、諸感覚全体が完全作用を求める。しかし、どの感覚経験においても、使えるエネルギー量には限度があるので、メディアがちがえば感覚の比率はちがってくる。

感覚効果の性質は、使うメディアによって決定される。マクルーハンはメディアをその物理的信号の質ないし解像度によって分類している。メディアの内容はこの種の分析では無関係である。同じカメラで撮った同じ写真でも、つるつるした仕上がりの写真にもなれば、新聞の電送写真にもなる。前者は写真というメディアにおいては解像度が高く、画質がすぐれたハイファイである。マクルーハンはこの種のメディアを〝ホット〟と呼ぶ。

新聞の写真は粒子があらく、小さな点からできていて、解像度が低い。マクルーハンはこの種のメディアを〝クール〟と呼ぶ。

映画はホットであり、テレビはクール。ラジオはホットであり、電話はクール。クールなメディアないし人間は人びとに参加と〝インボルブメント〟(関わりあい)を要求する。人びとが反応する余地が残っているからである。

講演はホットである。あらゆる作業はそれで終わる。セミナーはクールである。あらゆる人を巻き込む。あらゆる関連性が因果的なものかどうかは議論の余地があろうが、クールなテレビ世代の子供が〝関わりあう〟ことを強く望み、現在起きつつあることの一部になることをとても望んでいることは興味深い。

(4) 人間がアルファベットを形づくり、アルファベットが人間を形づくった

マクルーハンの「メディアはメッセージ」に従って、文字文化人としては、本が人間に与えた影響を知りたいと思われるだろう。周知のことだが、内容にかかわらず、印刷メディアのおかげで微妙な効果を味わえるし、立派な本によって私たちの生活は豊かになった。しかし印刷メディアを使って"God is dead"(神は死んだ)といっても、"God is love"(神は愛なり)といっても、メディア自体の構造〔‐‐‐‐‐‐‐‐‐〕は変わらない。

それ自身では本質的に意味のない九つの小さな黒い記号が三番目と五番目の記号のあとをあけたままで、一つの線で結ばれている。このように意味をとってしまうと、形式自体を透視できる。

たとえばシカゴの代表的ホテルで、ある高名な教授が多数の聴衆を前にして講演している途中、コブラに足を噛まれた。三秒間のできごとだった。コブラに噛まれ、聴衆があっと驚き、目の前がどよめいたのに教授はびっくりした。記憶と想像と感情が緊急行動に入った。たくさんのことが三秒間に起きた。二週間後、教授は完全に治り、同僚に手紙で知らせようと思った。

ところがこの経験を文字でコミュニケートするには、最初に各部分に分け、次に目薬をさ

すときのように、一時に一つずつ、抽象的で線的で断片化した連続的やり方で仲介しなくてはならない。

これがプリントの根本的な構造である。そして、文化がいったんこのようなメディアを数世紀にわたって使えば、一時に一つずつの抽象的、線的、断片的、連続的やり方で世界を見はじめる。そして、文化は同じやり方で各制度や、学校を形づくる。印刷物の形式が思想の形式となる。こうしてメディアはメッセージとなった。

マクルーハンによると、いままで数世紀にわたり、直線は無意識に、しかし冷厳にものごとの尺度として使われた。注意されることもなく、疑われることもなく、そうなっていた。自然で普遍的なものだと思われていた。

しかしこれは自然でもなければ普遍的でもない。なんでもそうだが、都合のよいことにはよい。すべてに都合がよいということはないということは、すべてに都合が悪いということでもない。電子メディアが活字の独占を破った。電子メディアは聴覚、触覚、運動感覚にたいする意識を高めることによって、私たちの感覚のプロフィールを変えたのである。
(5) 一九六七年（現在）――全感覚が行動に加わることを望む
活字は視覚をえこひいきして大部分の感覚生活を圧迫した。活字の独占の終わりはまた視覚独占の終わりでもある。芸術とポップ文化が環境の変化を予報することからみると、あらゆる感覚は行動に加わることを望む。

現在、聴覚、口、触覚、運動感覚の経験が過度に行なわれている一面があるが、これは印刷文化が感覚的に弱くなった反作用である。自然は真空をきらうものだ。

子供たちがビートルズにすっかり夢中になるのを見てよろこぶ者はいない。「ビートルズは子供をどうしてるんだろう」という人がいるだろう。「じゃ、おれたちは子供をどうしたのかね」と他の人はいうだろう。バランスのとれた人間とはどういうものか、データは出そろっていない。

子供たちは与えられたゲームによってどうにでもなる。動きまわれる道具が十分あるゲームを与えてやれば、その成果をもっともよく決定するのは子供たちの知的、感情的、意志的能力である。正式教育の複雑な全組織も子供たちの心をつかまえ、子供たちに動機を与え、子供たちがものごとを学習するのを手助けしてやるのが仕事である。

学校は子供にレッテルを貼ったり、職業市場とか子守り用に等級をつけるのが仕事でない。学校は子供たちとのコミュニケーションの場である。

コミュニケーションとはおかしな仕事である。一般に考えられているほどコミュニケーションは行なわれていない。多くの人はコミュニケーションとは他人の前でものをいうことだと考えている。そうではないのである。

コミュニケーションとはものをいうことにあるのではなくて、いったことを聞かせることにある。りっぱな英語の演説も、英語を知らないアラブ人にとってはりっぱな演説ではない。相手の言語で話しかけなくてはならない。〝だれが、なにを、だれに〟のコミュニケーションの図式のなかの〝だれに〟という相手の言葉によってである。

言語のなかには無変化語（中国語、日本語、ポルトガル語など）もあれば、土地のなまり、個人的くせもある。

単語そのものでなく、相手を理解することが大事なのである。効果的なコミュニケーションとは相手の言葉でしゃべることである。

うまいコミュニケーター（伝達者）はみな相手の言葉を使う。最高の作家、映画製作者、アドマン、恋人、説教者、教師はみな相手の望み、恐怖、能力をつかむ勘を持ち、自分のいいたいことを相手に〝通じる〟言葉に翻訳することができる人たちである。

ホワイトヘッドは「不活発な考え」を教育の毒と呼んだ。しかし「通じる」という言葉は主観的である。それは対象そのものを意味しているのでなく、だれかが見た対象を意味している。学校当局は歴史は学生にとって「重要」な課目と決めても、教師としては歴史を学生に「通じる」ものにしてやるのが役目である。「なにを」「だれに」合わせなくてはならないとすれば、教師は絶えず相手の調査を行なわなければならない。それは最新流行語を追っかけることでも、子供たちの流儀に自分を売りこむことでもない。どちらの戦術も、学習にも子供にも役立たない。

そうではなくて、子供たちの世界ではどんな価値が強いかを知り、コミュニケーションにおける障害を理解し、子供たちの生活スタイルを感知することである。コミュニケーションはそこで終わってはいないが、別のところから始めることはできない。もし子供たちがFM電波にダイヤルを合わせていたら、AM電波で放送してもコミュニケーションは行なわれない。コミュニケーションを行なうには相手の人びとにたいへんな注意を払わねばならないのである。

マクルーハンは現代の子供に大きな関心を払ってきた。子供たちは現在起きつつあることを回避ないし反射する理論を持たないので、やむをえず現在のように生きている。彼らはまた、生まれてからずっとテレビがあった最初の世代でもある。マクルーハンは電気時代がようやく始まりかけた一九世紀の子供と現代の子供がひどくちがうことを発見した。

一九〇〇年以来、たくさんのことが起きたが、そのほとんどは大したことはなかった。しかし今日では六歳の子供が小学校の校門をくぐる日にはとっくに多くのものごとを知っている。へその緒を切って間もなく、おとなしくさせておくためにテレビの前に置かれ、小学校入学までに三千ないし四千時間テレビを見ている。

高校卒業のころまでには一万五千時間テレビを見るが、学校での授業時間はそれより少ない一万八百時間である。いまの子供たちはラジオ、映画、電話、雑誌、レコード、人びとなどあらゆる面から情報をたたきつけられる世界に生きている。子供たちはさらに車、汽車、飛行機の窓から多くのことを知る。旅行とコミュニケーションによりベトナム戦争、世界のスポーツ、黒人差別反対運動、大統領の死、数千のCM、宇宙遊泳、無数の無害な番組、そしてSF番組も経験する。

これは、単に現代の子供たちがどのような状態に「ある」かを述べたまでで、どう「ならなくてはいけない」かについて述べたものではない。現代の子供たちは、空っぽのバケツとか空白のページにたとえた昔風の教育上の考えではほとんど説明できない。子供たちは学校という情報機関にやってくるが、そのときすでに頭は情報であふれている。大きくなるにしたがって、関連性の標準は学校の中で受けるものより、学校の外で受けるものによって決定される。

最近カナダでつくられた映画に、頭がよくて、はきはきした中流階級出のあるティーンエージャーが「学校に行く理由がない」と中途退学するストーリーのものがあった。少年は教師がキリスト教普及の四つの理由とか、試験ではこれが五点になるとかいった退屈なことをしゃべっている間、ベトナム戦争の白昼夢を見る。学校に通う理由としては卒業証書が必要なことだけで、ものごとをおぼえるには学校に留まる必要がなかった。そこで退学した。労働組合に入ったが、そこで苦労する価値もないと悟った。組合もやめる。人は彼を「ドロップアウト」(中途放棄者)とも「プッシュアウト」(落伍者)とも呼ぶ。

子供たちは一つの足を船着場に、もう一つの足を船にのせている。二つの世紀に生きると、このような緊張が起きるものである。教室と外部世界のギャップ、世代間のギャップがこれほど大きい時代もない。若者の行動についてソクラテスを引用するような退屈な人びとは、これが世代間の相も変わらぬコミュニケーションの問題であることを自分で悟ることができない。そうではないのである。マクルーハンは「メディアはマッサージ」であるという。

「今日の子供はおかしなふうになりつつある。それは二つの世界に住んでいるからであり、どちらの世界も子供たちを成長させようとしないからである。成長すること——これが私たちの新しい仕事であり、それは〝全面的〟な仕事である。単なる教訓では十分でない」学習は人が自分でやることである。人びと、場所、ものごとは学習を容易にさせ、推進させることができるが、学習者のなんらかの協力がなければそれはできない。

今日では学習者は代理経験（自分で直接経験するのでなく、テレビなどによる間接的な経験）と、かなりばらばらの諸事実の莫大なストックを頭にもって学校にやってくる。学習者は発展の過程における能動的な行動者として、学習ではあらゆる感覚を使うことを望む。学習者はあらゆる解答が出そろっているわけではないことを知っている。新しい学習者は新しいメディアの結果だ、とマクルーハンはいう。そして新しい学習者は新しい種類の学習を要求する。

リオ・イレラはいった。「もし神が学校制度の最終的な構成を予知していたら、人間をちがったふうにつくったにちがいない」と。子供たちは、時間表、教室、暗記、テストなど時代遅れの学習方法の遺物の形式に合わせてチョン切られたり、引き伸ばされたりしている。しかし教育哲学を包むものは全体的環境であって、学校案内書の目次ではない。そして打ちかちがたいものが全体的環境である。なぜならば、それはたいていの人には目に見えないから。たいていの人は昔の箱の中でものごとを移しかえてみたり、新しくきれいな箱をつくろうとする。まず最初に箱があるのかどうか検討すべきであるのに。

よりよい学習法の探求

新しい学習者は「すべてのことが同時に起きる」電子環境の産物なので、線的な「一時点には一つのものごと」という学校環境ではしばしば途方に暮れる。いまや全体的環境が偉大な教師となった。学生たちは教師の効果を測定する能力評価のモデルを持つようになった。線的な学校で核物理学を学ぶ学生は、教育でしばらく居心地の悪い期間を経験する。科学、芸術、人文学、または時事情勢にかなり高度の興味を持つ学生は、教師が作成する教授細目のペースでなく、彼ら自身のペースに合った助けが必要である。教師が作成する教授細目は、ものごとの直接的な発展理論、画一的な行動性を奨励しがちだが、これは新しい学習者の必要性の多くに適合しない。

おもしろいことには、最近のほとんどの教育改良は一つの点で共通している。それは線的ないし印刷物本位のパターンから脱却しようとしていることである。チームによる授業、学年制を廃止した学校、聴覚による言語訓練、複合メディアによる学習環境、セミナー、教育のあらゆるレベルにおける学生の調査作業、学習の責任を教師から学生へ全面的に移すことなどがそれである。

もちろん、これらはまだ十分に一般的ではないし、マクルーハンが打ち出した根拠に意識的に注目してもたらされたものでもない。印刷物本位の線的な考え方もそうであったが、これらも時代のふんいきから盗みとられたものである。マクルーハンの価値は、このような変化を私たちに予知させ、制御させる力にある。

今日、学習することがあまりにも多すぎる。マクルーハンは現代を「情報過重」の時代と呼んでいるくらいだ。それにいまや教室の外の情報レベルが教室内のそれより高くなっている。かつて学校は情報を実質的に独占していた。いまでは学校は周囲の電子情報とパート・タイムで争い合っている。それに人間のあらゆる知識はコンピューターの速度で拡大しつつある。

ものごとを選ぶということは、他のものを拒否することである。なんでもできないとすれば、教育方針として、何を優先させるべきか。初心者にとって「メディアはメッセージ」は悪くないかもしれない。もはや子供に一つのテーマに関するあらゆることを教えることはできない。しかし、そのテーマが何に関することかは教えることができる。

私たちは子供たちに関係知識の形体、構造、ゲシュタルト（形態）、文法、プロセスを紹介しなければならない。数学者が数学をやるとき何をやるか。学習訓練の形態要素をこのように扱うことによって、各専門家間におけるコミュニケーションのチャネルができる。これは内容とか細部でなく、各訓練の公理、根本ルール、理論的な関係づけの枠組み、前提に焦点を向ける。各分野に固有の認識と知覚の方式に重点をおくものである。

コミュニケーションにおける失敗のほとんどは、より大きな理論の支脈にすぎない項目に関する意見不一致に基づく。意見不一致は訓練と人間、メディアと文化の間に起きる。

芸術は教育において新しい役割を果たすことになる。というのは、芸術は知覚の探求だからである。従来、芸術は教育課目の余分なぜいたく品と考えられていたが、いまや感覚の調子を高め、なじみのものごとを新鮮に見直す方法を提供するダイナミックな方式となった。

探求と発見がテーマとなれば、従来の芸術と科学の区別は消えはじめる。私たちは、学生たちが自分自身でデータ処理機械となり、パターン認識によって操作するように指導しなければならない。この全メディア理解の追求において、メディア自体が学習の助けとも、研究の本質的な対象ともなる。最近映画批評に関心がもたれているが、これもあらゆる芸術とコミュニケーションの形式を含むこととなる。

そして知識の爆発的拡大が各課目間の壁を吹き飛ばしたので、各学問間の交流と理解はますます前進しよう。ものごとの間におかれたカテゴリーの壁の多くは、印刷包装物時代の細工の残り物である。私たちがグーテンベルクの時代からさらに遠ざかるにしたがい、専門家の生活はいっそう孤独なものになろう。すべての傾向は全体的なもの、集合的なものに向かっている。こういうことはマーシャル・マクルーハンが本当だというから本当なのではない。これが実地に効果を発揮しているのである。誰も手をつけていない教育の諸問題を説明してくれるのである。

これに必要なすべての実例と注釈をつけ加え、明確に打ち出したところ、何百人という教師にとって解放的な力となったことが実証されている。これらの教師たちはこの文化的分裂の緊張の原因が自分たちの外にあることを知らないで、緊張に生きてきた人たちである。

マクルーハンの教育にたいする関心を受けて、翻訳者と研究者のチームが同時的に作業することが必要となってきた。これらの翻訳者、研究者は彼の著作に散らばっている洞察に形をつけ、内容を与えるだろう。

マクルーハンが電気を発明したわけでも、子供をテレビの前に置いたわけでもない。彼はただそこに起こりつつあることをうまく処理できるよう、起こりつつあることを叙述しようとしているだけである。誰かがトラックが走ってくるぞと注意してくれたとき、その人になゼトラックを走らせるのかと非難するのは失礼もはなはだしい。マクルーハンは、子供たちがものごとをよりよく学習するよう力になってくれるのだ。

(John M. Culkin フォーダム大学コミュニケーション学部長)

メディアの文法

マーシャル・マクルーハン

この本におさめられた論文は、一九五三年から五九年にかけて発行された、コミュニケーション専門誌『エクスプロレーションズ』（*Explorations*＝探求）からとられたものである。同誌のバックナンバーは、いま愛書家の珍重の的となっている。

『エクスプロレーションズ』誌は印刷物、新聞形式、テレビなどの言語の文法を探求した。同誌は、思想、感情の包装化《パッケージング》、流通における革命が人間関係だけでなく人間の感受性も変えたと論じた。同誌はさらに、文字が西欧人を形成するうえで果たした役割について私たちはほとんど無知ではなかったか、同様に、電子メディアが現代の価値を形成するうえで果たしている役割についても認識していないのではないか、ということを論じた。

文字教養の退蔵物

文字教養の既得権益はひどく根深いので、文字教養そのものが調べられたことはかつてなかったのである。そして現在進行中の電子革命も、すでにひどくゆきわたったので、一歩退いてそれを客観的に調べることはむずかしい。

しかし、これは調べることができる。一つのメディアを通じて、他のメディアを調べる方法をとれば効果はあがる。たとえば電子メディアの観点から印刷メディアを見るとか、印刷メディアを通じてテレビを分析するといったふうに。

アレクシス・ド・トクビル（フランスの政治学者、一八〇五―五九）は民主主義について調べるため新大陸に出かけた。植民地アメリカがヨーロッパに比べて、ひどく好都合なことを知っていたからである。アメリカでは印刷物（本、新聞、さらにその延長として工業、組織における流れ作業《アセンブリー・ライン》）のあらゆる成果を発展させ、その成果を敏速に応用できた。というのも、その前に解体しなければならない時代遅れのテクノロジーの屑の山がなにもなかったからである。ヨーロッパでは新しい印刷テクノロジーを発達させるには、それだけの余地をあけさせるため、人びとは長い間、苦しい割りこみ策を弄しなければならなかった。

今日、アメリカは世界最大の旧テクノロジーの退蔵物の山をかかえている。印刷物と印刷物からとった方法によって築かれた教育機構、産業機構は巨大であり、いたるところにはびこっている。発展途上国の方がアメリカに比べうんと都合がよい。現在、発展途上国はかつてアメリカが印刷テクノロジーを迎えたと同じように、電子テクノロジーを迎えている。私たちはこの旧時代の遺産を頭から拭いさるための計画、そのためにできることをまだ手がけていない。

この旧時代性に関連した要素として磁気テープの使用があげられる。磁気テープを使えば数カ所からの情報が同時に、集合的に蓄えられる。従来印刷物では、一つの単位のあとに次の単位を続けるといったやり方であった。

この線的なものから集合的な形態への切り替えによって、文字教養は現代の社会における支持を失った。というのは、読み方を教え、高度に文字的な文化を発展させる動機は、教室の訓練を外部世界のあらゆるパターンと目的に密接に関連づけることだったからである。今日、外部世界はこの形式を放棄し、学校における読み方教育と、文字文化の達成にしだいに動機を与えなくなっている。

しろうと組織による分析

人びとがこれまでとってきたメディアの分析の考え方は、文字にとらわれ、内容の分析に限定され、電子メディアの新しい形態と無関係であった。おそらくメディアを分析するうえでの最上の方法は〝しろうと組織〟によることではないだろうか。

このびっくりするような言葉は、第二次大戦中に生まれたようだ。アメリカ軍の作戦研究班の人びとが、普通なら多数の技術者、物理学者が担当するはずの兵器の問題に生物学者と心理学者を取り組ませた。生物学者、心理学者のグループは各問題について専門的知識の光を当てないで、問題に群らがり寄った。新しい情勢は知識の光を当てても、まったく光を通さないものである。

一方、しろうとを組織して全体的計画として新情勢と取り組ませ、あらゆる面を同時に探求させるならば、思いがけない出口、視野、突破口が見つかるものである。化学者メンデレエフが未発見の元素グループを見つけたのも、このようなやり方によるものだった。彼は既成の知識を使わなかった。その代わり、こう考えた。すでにわかっている諸元素の関係に筋道がつくとしたら、未知の元素グループの特徴はどうならなければいけないかと。

ルオーは教会のステンド・グラスに彩色することによって「光がそこに定着しているのでなく、光が向こうからやってくる」方式をつくり出した。テレビが写真や映画とちがう点は、映像が向こうからやってくる光によって構成されることである。移り変わるモザイク風のイルミネーションが視聴者に投影する。光が向こうからやってくるコミュニケーション方式は、内部からの全面的イルミネーションを呼び出すもので、文字形式による分析的形式とはひどくちがう。文字形式は、わざと、また組織的に、一時点に一つ以外はすべて無視する知覚、分析習慣をつくり出した。

潜在意識のない前文字人

表音アルファベットとその派生文字は知覚のさい、一時点には一つという分析的な意識を強調する。この強烈な分析性は、知覚領域におけるあらゆる他のものを意識下に押しこむことによって達成されたものである。

私たちは二千五百年余にわたり、ジェームズ・ジョイスのいう〝ABCイズム〟で生きてきた。知覚領域を断片化し、動きを静止的な点に分割した結果、私たちは人類史上たぐいのない応用性の知識、テクノロジーの力を獲得した。これに払った代価として西欧人は個人的にも社会的にもほとんど全面的に潜在的な認識状態に生きている。

「すべてのことが一時に」の現代においては、私たちは個人的にも集団的にもテクノロジーの面においても、潜在意識をもって生きることは不可能なことを発見した。逆説的だが、私たちの文化のこの時点において、再び前文字人《プレリテレイト》が現われてきた。

前文字人の経験には潜在意識の要素はなかった。神話的な説明形式がいかなる情勢をもあらゆるレベルにわたって同時に解明した。フロイトの考えを前文字人、文字人《リテレイト》に当てはめてみると、意味をなさないのはこの理由からである。

電子メディアによる世界の部族化

文字人の電子メディアは、世界を一つの村ないし部族に縮小する。ここでは、あらゆるものごとが、あらゆる人に、同時に発生する。あらゆる人が、あらゆるものごとについてそれが発生するその瞬間において知り、したがってあらゆるものごとに参加する。テレビが世界村のできごとにこの同時発生性を与える。

村ないし部族におけるこのような経験の同時的な分け合いが、村ないし部族の様相をつくり出し、集団性を優先させる。人びとのこの新しい部族的な並存においては、だれも個人的な優越性を争って求めなくなる。個人的優越性を求めることは社会的にいって自殺行為であり、したがってタブーとなろう。

ティーンエージャーは集合性を達成する手段としてわざと平凡さを求める。彼らは、まだ本質的に個人主義的な大人の世界をこづきまわし、それによってこの傾向を強める。彼らは芸術家になることを望むが、例外になったら〝一緒に〟いることはできない。したがって彼らは例外的な仲間をボイコットする。

エスキモーが印刷物によって脱部族化し、原始的な狩猟民から文字を知る技術者への道を数年で歩んでいるのとまったく同じように、私たちも短期間に電子メディアによって部族化しつつある。

私たちが捨てる文字的教養をエスキモーは抱きかかえる。エスキモーが拒否する話し言葉を、私たちは受けいれている。これがよいことか悪いことかは今後の問題であろう。現在では、原因とプロセスを理解することが重要である。

この本のねらいは、印刷物とコミュニケーションの新テクノロジーにたいする認識を発展させ、これら相互のフラストレーションと衝突を最小限にくいとめて、諸メディアを合奏させ、教育の過程において各メディアから最大のものを引き出せるようにすることである。

現在のメディアの対立は、学習の動機をなくさせ、過去のあらゆる成果への興味を薄くさせる恐れがある。また関連性の感覚を失わせる恐れがある。メディアの文法を理解しなければ、現在私たちが生きている世界をそのまま認識することは望みえない。

1部　マクルーハニズム

1 聴覚的空間

マーシャル・マクルーハン
エドマンド・カーペンター

まったく言葉だけでいわれたことを理解するのは、むずかしいことがよくある。『不思議の国のアリス』から。

「……愛国的なカンタベリー大主教はそれが望ましいことを発見して——」

「なにを発見したんだって」とアヒルがいった。

「それを発見したんだよ」ネズミはいささかムッとして答えた。「もちろんそれがなんだかわかってるんだろう」

「おれがものを発見するときは、それってなんだかよくわかるがね」とアヒルはいった。「それはたいていカエルか虫だよ。問題は、大主教がなにを発見したかっていうんだ」

私たちはそれが目に見えるときは楽しい。そのとき、それは私たちが理解できるように位置づけられている。というのは、私たちの日常の世界では、空間は目に見える諸物体を分けるものとして考えられているからである。「からっぽの空間」とはなにも見えないところを意味する。鼻をさす煙でいっぱいのドラム缶も、風の吹きすさぶツンドラ地帯も「からっぽ」というが、これは二つの場合とも目に見えるものはなにもないからである。

ところが、どの文化でもこのように考えているわけではない。文字を知らない前文字文化の多くでは、口でしゃべる伝統の力はきわめて強く、目は耳に従属している。

「聞く人」と「見る人」

はじめに言葉があった。これは話し言葉であって、文字を知っている人の使う、目に見える言葉ではない。

エスキモー〔イヌイット〕には、黙して立つ彫刻というものがない。偶像はない。そのかわり、しゃべり、歌い、仮面をかぶった踊り手が神さまである。仮面がしゃべっているとき、そこには意味と価値がある。本に描かれたり、美術館にかけられているような、黙った静的な仮面は価値がないとされている。

一方、私たちの社会では、現実的であるがためには、ものごとは目に見えなくてはならず、できるならば恒久的でなくてはならない。私たちは目を信じ、耳を信じない。

アリストテレスが自分の著作の〝読者〟に、視覚は〝なによりも〟信頼できるものだといってから、私たちは音に第一の役割を与えなくなった。

「百聞は一見にしかず」という。「見たことの半分を信じ、聞いたことはなにも信じるな」ともいう。「エホバの目は知識ある者を守る。彼は劣れる者の言葉を破りたもう」(旧約聖書、箴言、第二二章、第一二節)

真実は「目」(eye)によって観察し、それから「自分」(I)によって、判断されなければならない、と私たちは考える。学者の間では、神秘主義、直観は悪い言葉となっている。耳で聞く型の方が能率があがるかもしれないときでも、私たちの思考の大部分は「目で見る」型で行なわれる。私たちは傾向、期間、強度といった心理的状態についても空間的な比喩を使う。より論理的な「そのときから」thenafterといわないで、「そこから」thereafterという。alwaysは「いつのときでも」の意味となる。「前に」beforeは、語源的には「……の正面に」の意味である。時間の「スペース」spaceとか「間隔」intervalという表現さえ使う。

エスキモーにとっては真理は話し言葉の伝統によって与えられる。それは神秘主義、直観、全面的認識であり、単に物理的現象の観察と測定によるものでない。エスキモーにとっては、目にはっきり見える幽霊は、純然たる聴覚的幽霊ほど一般的でない。彼らの聖人にとっては「聞く人」hearer の方が「見る人」seer より、よい表現となる。

視覚的経験が支配的に

いまや、どの文化を問わず、普通の人間は起きている活動時間の大部分を三次元の視覚的世界で過ごす。このことについて考えてみるとしても、世界はそのようにできているのであり、それしかないと結論したくなる。

だが、子供たちは大人たちと同じように世界を見るように〝学ばされている〟ことを考えてもらいたい。

生まれたときや、生まれたばかりの子供の目は完全なカメラの機構のようなものである。あらゆるものがさかさで、二重で、両側が逆になり、奥行きがない世界に映り、ある意味ではこのカメラ機構はあまりにも完全であり、あまりにも機械的である。

時間がたつにしたがい、たいへんな学習努力によって子供は世界をまっすぐに立て直し、左右を統一させ、側面をひっくり返し、こうして父親をまっすぐに立った、左右のある全体として、一人の人間として見るようになる。

同時に、運動能力が発達するにつれて、子供はこの視覚的パノラマを触覚と筋肉運動知覚によって開拓するようになる。この活動が基本になって視覚的経験が支配的性格をもつように発達するのである。奥行きが出てくるのである。

運動の働きと、それにともなう筋肉知覚がなくて奥行きの感覚が発達するとは信じにくい。生まれたときから動くことのできない子供を想像してもらいたい。その子供は自分自身の網膜の二次元の世界に住むことだろう。そのような子供にとっては、母親が近づいても、だんだん大きくなる数人のちがった人間に見えることだろうから、同一性をもった人間とか物体は出てこないことになる。そのような子供は自己の意識も発達させることができないだろう。

先天的に盲目の子供でもそれほどのハンディキャップはない。動けない子供にとって目に見えるものは絶望的にばらばらだが、先天的盲目児はそのようなばらばらによって損なわれないで機能できる聴覚的空間をもっている。それに、もっと重要なことには、この聴覚的世界を体を動かしながら触覚的に開拓することができる。いいかえれば、視覚的空間の主要な特性である奥行きというものは主として視覚的経験からくるのでなくて、むしろ動きと、それにともなう筋肉知覚からくるのである。

私たちは「物体」を三次元にとらえ、さらにそれを確認するために、視覚的に与えられたままの世界の多くを圧迫、無視する。それは私たちの関心を強要し、私たちの行動を方向づける物体である。空間は単に私たちが物体のもとに行ったり、物体から離れるさいに通過するだけのものとなる。空間は物体と物体の間に存在しているのに、物体が空間を限定してしまう。

物体がなければ「からっぽの空間」となる。たいていの人はアインシュタインを漠然とありがたいと感じているが、それは彼が「無限」の空間にもなんらかの限界があることを証明したといわれているからである。人びとはその証明がどうしてできるか理解したからでなく、その根本的要素の一つである視覚的空間を回復してくれたからありがたく思ったのである。

境界がない聴覚的空間

他方、音の根本的な特徴は音の場所でなくて、音が「ある」ということ、音が空間にいっぱいになることである。私たちは匂いがいっぱいだというように、「今夜は音楽でいっぱいにしよう」という。場所は無関係である。音楽会で人びとは目を閉じる。

聴覚的空間は特定の好みの焦点がない。それは固定した境界のない球形であり、もの自体によってつくられた空間である。ものを入れた空間ではない。それは仕切りのある絵画的空間でなく、絶えず流動し、刻々それ自身の次元をつくるダイナミックな空間である。目は焦点を定め、一点をさし、抽象化し、それぞれの物体を物理的空間に位置づける。それは背景に対して行なわれる。

しかし耳はどの方向からの音も受けいれる。私たちは右からのでも左からのでも、前からのでも後ろからのでも、上からのでも下からのでも同じように聴く。視覚的空間では横になると全視界が変わるが、聴覚空間では横になっても変わりはない。目をつぶりさえすれば視界を閉ざすことができるが、耳はいつでも聴く用意をしている。

聴覚には上限と下限の閾《いき》といった限界しかない。私たちは毎秒約一六サイクルから約二万サイクルの音波を聴く。聴覚作用を起こすのに必要なエネルギー量はほんとうに少なくてすむので、私たちの耳がいま少し敏感だったら、空気の分子が互いに衝突する音も聴こえるだろう。もちろん、そんな耳だと血液の循環する音がナイヤガラの滝のように聴こえるはずだから、そういう音を聴き分けることが前提だが……。

聴覚的空間には視覚でいう境界がない。音が聞こえる距離は、耳の能力よりも、音の強度によって決められる。これは星を見るときにたとえられよう。星を見るとき、消失点を超えて視覚刺激が得られても、いわゆる視覚空間の正確な枠は犠牲にさせられる。聴覚空間には視覚遠近法における消失点に当たるものはない。訓練さえすれば、音によって多くの物体の場所を位置づけられるようになるが、これは視覚によってはるかによくできることなので、わざわざそんなことをする人はいない。

私たちは盲人の「心的」力にいつも感心するが、中途失明者は聴覚的、触覚的カギを、かつて持っていた視覚的知識に翻訳することによって、方角と位置づけを行なっているのである。生まれながらの盲人にはこれが比較にならぬほどむずかしい。

一般には聴覚的空間には視覚的な位置づけの正確さが欠けている。もちろん、音が右からきたか、左からきたかを判断するのはやさしい。頭に幅があるので、耳は音波のほんのちょっとしたちがいにも刺激されるからである（一万分の一六秒のちがいが探知される）。ところが目をおおって一定の距離からかすかなブザーを聴かせると、それがすぐ目の前か、後ろか、同じように真上か真下か、正確にいい当てることはできない。

宇宙は聴覚的空間の地図といってよいだろう。私たちは百の目を持っているのでなく、百の耳を持っている。私たちは広範囲の音を、どの方向からのでも、どの距離からのでも直ちにキャッチする。そのような刺激を受けると、私たちはまず首と体をまわして音のした方向に目を向ける。

このようにして聴覚と視覚の二つの感覚は互いに相手に欠けている生存のための根本的要素を補い合い、チームとして統合作用を行なう。視覚には限界があり、一定の方向があり、いつも視界は半分しか見えないように制約されているのに、聴覚は限界のない球内で発生するどんな音にも絶えず身構え、あらゆるものを包む。

感情へ話しかける音

耳は人間の感情生活と密接に結びついている。それはもともと生存のためだった。ワトソンは「突然の大きな音」は、幼児に衝動的な（学習によらない）恐怖反応をひき起こすと考えたが、この「突然の大きな音」は成人にも急激な（条件反射による）恐怖反応をひき起こす。これは自動車の警笛を考えてもわかる。救急車の場合でも、最初に警告を与えるのは、くるくるまわるブリンカー灯でなくて、サイレンではないか。タクシーも、通行人に危険を知らせるのに、旗かなにか目に見えるものを振っても役に立たぬではないか。たまたま自動車が突進してくる方向にいるのでなかったら、自動車そのものを見るだけでは危ないとわからない。

この場合、唯一の希望は次元のない聴覚作用である。聴覚作用は方向を選ばずキャッチされるので、どんなに突然の音でも、どの方向からのでも、すぐに注意を向けられる。

あらゆる音が突然起きるわけではなく、あらゆる音が恐怖感をまき起こすわけでもない。聴覚的空間は、マーチからオペラにいたるまで、さまざまな種類の感情を私たちからひき出す。目が要求するような「対象物」がない音によっても満たすことができる。なにかを表現しなくてはならないわけではないが、物語ることはできる。いうなれば直接感情に話しかけることはできる。もちろん音楽は標題音楽のように視覚をひき起こすことができるし、歌詞に合わせて創作したり、模倣する歌謡曲の場合のように視覚的提示の目標に従属させることもできる。しかし音楽がそうしなくてはならないわけではない。

聴覚の魔術の再来

詩人は長年にわたり、魔術的な聴覚的強調によって視覚的イメージを呼び起こし、言葉を呪文のように使ってきた。文字を知らなかった時代の人間は、そこにないものを呼び起こすこの聴覚の力を知っていた。文字はこの魔術を消してしまった。というのは、文字はそこに聴こえない音も出し、その意味で聴覚とライバル関係の魔術的手段だからである。

ラジオがこの聴覚の魔術を呼び戻した。事実、視覚的イメージを呼び起こすうえで、ラジオはときには視力そのものよりも効果的な場合がある。「インナー・サンクタム」という番組で、ドアのきしむ音はラジオで聴いたときの方が、テレビでドアを見たり、聴いたときよりこわかった。というのは、音がひき起こす視覚的イメージは想像からくるからである。
いろいろな感覚の相互作用は過剰なものをつくり出す。そこでパターンの一要素を除いても意味がとれる。私たちは「赤く燃え、パチパチはぜる」という場合、それを感じ、音に聴き、目に見る。このさい「赤く」をとっても、まだよい。「緑の」では、炎も見えなければ、パチパチという音も聴こえない。
詩人キーツは「聖アグネスの夕べ」でどのようにものが感じられ、味がし、音をたて、においがするかを描写している。

「……夕べの祈りを終え
彼女は髪から真珠の首飾りを外す
温かくなった宝石を一つひとつ外し
ふくよかな胴着をゆるめる。しだいに
豊かな衣裳は膝の上にとずり落ちる」

ほかの個所でキーツは果物をにおい、味、触覚、それに音まで使って描写している。これによって私たちはその果物を経験する。彼は「l」「q」「u」の音を盛んに使っている。これらの音を口に出すと、口は甘味でいっぱいになる。

この種の相互作用はダイナミックなプロセスをつくり出す。それは生きていることであり、儀式的なドラマである。このようなパターンの諸要素の結びつきが強い原始社会ではとくにそうである。

五世紀のアテネでは、人びとは視覚的世界の発見と話し言葉の伝統を、書き言葉の視覚的形式に翻訳することに多くの知的興奮を味わった（現在私たちがテレビに夢中になっているように、当時のギリシャ人にとっては目が持った新しい役割に興奮したものだろう）。

中世の世界はグレゴリアン聖歌や礼拝歌によって音響を通そうとしたが、視覚的世界に拡大してしまった。その結果生じた膨張、ないし地位転倒はたぶん〝遠近〟法の絵画がつくられたことと大いに関係があろう。というのは、純粋な聴覚的空間は球形なのに、純粋に視覚的空間は約一八〇度で、平面的なものだからである。

遠近法が聴覚的空間の深さを視覚的な言葉に翻訳してしまった。このごちゃまぜは写真の出現によって整理され、画家たちはこれから解放されて平面的な空間に戻った。今日私たちは、さまざまな視覚的媒体と聴覚的媒体が互いに相手の形式に急速に翻訳されることによって起きた感情的、知的なあつれきを経験しつつある。

(Edmund Carpenter サン・ファーナンド・バレー大学教授、人類学者)

2 言語に与えた印刷物の影響

マーシャル・マクルーハン

いかなる感覚も一つだけで働くものではない。視覚は部分的には眼と身体の動きによって構造化されている。同時に聴覚は視覚と筋肉運動の経験によっている。視覚空間だけでは平面であろうが、音の空間はつねに球状である。それは視覚化できない同時的な相互関係の場《フィールド》なのである。しかしそれは生きたダイナミクスの球形であって、なにかを容れたり、あるいはなにかに容れられているものではない。その空間には地平線がないのである。

事実あるいは力を、同時にあるいは即時に指示することを可能にする要因は、視覚的性格をもった相互関係の場をつくりあげる傾向がある。したがって電信の影響はすぐに新聞紙面に視覚的なものとして現われたが、電信自体は聴覚的文化を支持したのである。同様に写真は多くの事実を同時に与えることによって聴覚的な方向に傾いている。同じことを文字あるいはスピーチで行なえば、関連づけに時間を要し、線型的に一つひとつ詳説しないといけなくなるだろう。

修辞的かつ聴覚的な句読点

高度に活用・語尾変化のある、いわゆる屈折語の言語構造は、話されても書かれても、聴覚的性格をもっている。屈折のあまりない構造は視覚的な偏りをもっているのである。複雑な屈折は、耳で聞く場合には明晰な発音と秩序を明らかにする手段となるが、視覚的に表音文字に翻訳すると異なった性格をもつのである。

屈折の複雑さは、書かれた形式では、目に負担となるばかりではない。それはまた走査する目にとって自然な空間の秩序と衝突するのである。目にとっては言語の屈折は言語変化の同時的な秩序を構成するものではないが、耳にとってはそうなのである。書物の読者の目は一つの音、一つの調子《トーン》をとり出してみることを好むばかりではなく、一時に一つの意味をみることを好むのである。地口《パン》や多義といった同時性のものは——話し言葉《スピーチ》では生命であるが——書かれた言葉の場合には、品位にそむき、効率のさまたげになる。

一九世紀のシェイクスピア作品の編者たちは、文法的な句読点を施してテキストを整えた。彼らは印刷術の登場以降ますます用いられるようになった句読点を導入して、シェイクスピアの意味を明らかにしようと、あるいは押さえつけておこうと考えたのである。句点《ピリオド》と読点《コンマ》を秩序立てて用いて、目でみるために節の区切りを明らかにしたのである。しかしシェイクスピアの時代には、句読点は文法的なものというよりは主として修辞的かつ聴覚的なものであった。

四世紀の文法学者ディオメデスは、句読のしるしは「息を吸う場所」を示すものだといっているし、六世紀のカッシオドルスは彼の『インスティトゥチオ・デ・アルテ・グラマティカ（言語手段利用の手引き）』の中で「ポジトゥラ」あるいは「ディスティンクチオ」は「正しく計って行なわれる話の場合に適切な休止《ポーズ》」であると記している。彼らにとっては、文法的秩序の機能を句読点が果たすのは、話をするときの助けになるという機能に付属的なものなのであった。

こうした両機能の関係はそのまま中世期を通じて変わらない。もっとも中世の作家たちは、前の時代から伝わってきた句読点についての考えを自ら伝えるときに、句読点が文法的な意見をもつ側面をいくらか容認していた。一二世紀、ソールズベリのジョンは彼の書『メタロギクス』の中で「ポジトゥラエ」（句読点の位置）が意味を区画する、といっているが、彼は当然のことながら、「意味」としての「文法的なもの《グラマチカル》」を「修辞的なもの《レトリカル》」に含めていたのである。彼にとっては文法と修辞は同時に同じところに存在するものであったが、両者は急速に並行関係におかれるようになり、やがて印刷物時代が展開すると、両者相隔たるにいたるのである。

百科全書的なおしゃべりの終焉

ギリシャ・ローマ、そして中世における理論と実践が一六、一七世紀にも一貫してつづく。ベン・ジョンソンは一五九二年の著書『英語文法』で普通の文法学者と同じような口調で単純にこういっている――「コンマは、先立つ文の、そしてあとにつづく文の間におかれた息つぎである……」。

しかし印刷物は句読点のもつ新しい視覚的役割を急速にきわだたせてきた。そしてそのこの理論的正当化は一向になされてこなかった。一九世紀の編集者は、ルネッサンスの句読点の理論の古典的、中世的な要素を見抜くことができなかった。彼らはすでに長い間の視覚的な文法の実践の歴史に圧倒されていたのである。

表音文字による書字は、言葉の摂取《インテイク》のスピードを、口頭で話すスピードの水準からはるかに低めてしまった。印刷はそのスピードを口頭の水準よりはるかに高めた。記憶をもとに口頭で繰り返す気やすさに比べて、書かれたものを再読するのはいかにもたいくつだからという理由だけであったにせよ、表音文字の書字法の登場によって、書かれたものを大きな声を出して読んで暗記するという傾向が生じてきた。

手書きを読むスピードは遅いため、著者を部分の抜粋、いくつかの文章、あるいは要約でカプセルに入れる必要が生じてきた。書かれたものについての口頭での議論やさまざまの水準での解釈が生じてきたのは、口頭による教育の自然の結果である。印刷もその最初の一世紀には、言語現象と読者の内的構造についての多層的な理解があったが、以後それは急速に失われていく。印刷された言葉の速度の速い線的な流れは、言葉の使い方と研究が単一のパースペクティブをもつことを助長したためである。

一五一二年の『ユートピア』においてトマス・モアは、ヒスロディ〔ユートピア共和国を訪れた哲学者〕が王侯貴族の顧問になることを次のような言葉で断わらせている。

「親しい人間の間で話をするときには、貴方のスコラ哲学も楽しくないことはないのです。しかし王侯貴族の会議の席では、重要な事項が大いなる権威をもって検討されるので、入る余地がないものが出てくるわけです。……思弁的な哲学はあらゆるものがあらゆる場合に適切であると考えます。しかしもっと礼儀正しい哲学があります。それはいわば自分の出る幕を心得ており、自分でやれる芝居の中でだけ発言し行動します。正しい秩序とやり方に外れるようなことはなにもいわないで、自分の役を見苦しくなく演じるのです」

明らかにスコラ哲学はその新しい時代には役に立たない論述の形式であった。その内容や意味がどうだからということではなく、それはいついかなるときにもあらゆることを引き受けてしまうおしゃべりな会話の形式であったために、命運がつきてしまったのである。

友人たちとのコミュニケーションでは、いつでも口を出して、自分の見解を差しはさむのは自然なことである。こうした口頭《オーラル》コミュニケーションで意見を交わしていると、どんな話題についても、同時にたくさんの方向からの眺めが得られる。話題は次々に多くの角度から出される。その話題に関しての既成の考え方や洞察は記憶を介して、新しいグループでの話に出てくる。

印刷術で画一的テキスト登場

こうした口頭コミュニケーション形式でとられるのは専門主義ではなくて百科全書主義である。印刷物の登場によって専門主義が発展した。個人としての読者は独りぼっちの勉強によって、仲間あるいは論争相手の道づれ、あるいは批判を受けることなしに、アセンブリー・ライン式の印刷文字の高速ハイウェイを走ることができたわけである。クリストファー・ワーズワースは一八世紀の大学についての研究書で、ケンブリッジで筆記試験が行なわれるようになったのは、試験官が学生個人個人の読書や研究に伍していくことができなくなってからのことであることを明らかにしている。

書物が安く手に入るようになるに従って、人より理解力もあり熱心な学生は、彼らより上の世代が口頭による教育に依存していたのとはちがって、書物によって自分自身で知識を獲得できることを発見するようになった。そうした状況になると試験が必要になる。そして試験が普及するに従って、少なくとも需給関係の意味においては、口頭による教育への新しい需要が生じたのである。

先に引用した『ユートピア』の文章は、国政に関する専門化した事項、公共的なものの伝達はすべて、単一のパースペクティブと「正しい秩序とやり方」を必要とするものだ、ということにモアが目をつけていたことを示している。

交通量が少なければ、時には動物や乗物や歩行者がまざり合っていてもよい。しかし交通量が激しい場合には、乗物であれ言語であれ、きびしい規制が必要なのである。活版印刷出現以降のおどろくべき速度と量の増大は、文法、劇場、芸術一般における規則と行儀作法の必要性を文字教養のある人びとに教えたのである。

中世の大学は大学の運営法自身が口頭コミュニケーション的であった。大学は小うるさい行政的な仕組みに悩まされることはほとんどなかった。大図書館の必要性のために大学が建てられたわけではなかった。

今日、若い弁護士が法律事務所を開こうとすると、法律書を見えないところにおくように忠告される。「君が法律なのだ。君のところへくる客に関する限り、君が全法律知識の源なのだ」。これは書物がまだまだ少なかった時代の先生が学生に対してとった自然な態度でもあった。逆に書物があまりにも多くなったために、それを利用することが困難になった今日、それはまた自然な態度になりつつあるのである。

チューダー王朝時代のオクスフォード大学についてマレットはこういっている。「法律のなかった昔の民主主義的精神は、不本意ながら規律に席を譲った。ルネッサンスは新しい学問の理念を設定したのである」

一七〇〇年にいたるまでの間に散文における口頭コミュニケーション的多様性を廃した細かい規則性は、はるかその前に学校行政上の手続きに出現して、学校生活の規制を始めていたのである。生き生きとした論争のかわりに講義《レクチャー》が登場した。一人の講師が黙って聞いている聴講生に文字に書いたものを読みあげる形式である。聴講生はその他の時間は黙って書物を読んで過ごしたのである。

印刷物によって一人の人間が多くの人間に話すことができるようになった。写本の読者はきわめて少数だったのである。また印刷物によって一人の読者は数年の間に多くの著者の書物を読むことが可能になり、その結果読者は、今日われわれがいうところの「歴史的」な意識をもつようになった。あらゆる過去の時代を速いスピードで通り抜けた読者は現在の時点に立ち戻ると、いかにも歴史の中の人間あるいは時代についての統一的な性格をつかんだという幻想をもつことができた。

写本の読者は速度も遅いので、カバーする範囲も狭く、大した歴史的時間の感覚は身につけえなかった。なんについてであれ過去が議論されると、それは現在のように感じられた。それはちょうど今日、われわれの歴史的知識が同時的になり全体包括的になったために、過去が現在であるように感じられるのと同じである。われわれは一見、非聴覚的な手段を媒介にして、再び口頭コミュニケーション的なものに到達したのである。

一六世紀の辞書では、一つの言葉は一連の実用的な文章を例示され、それぞれ筆者が記されていた。言葉の意味を一つの定義の中に分離することはやられていなかったのである。印刷術以前には、言葉の定義という観念自身、意味をもたなかった。それは作品というものが、一時期に多くの人びとに読まれるということが成立しなかったためである。

そのうえ、多くの人びとが一つの辞書をひくというようなことは不可能だったのである。中世研究者によれば、中世にあっては作者はそれぞれ自分の考えの展開するままに、自由に言葉を規定してよいのだと考えていたから、今日でも中世の言葉の辞書をつくることはおそらく不可能なのである。

印刷術の登場が意味したことは、必要なだけ大勢の人びとに視覚的に提示される画一的なテキスト、文法、辞書、ということであった。われわれが今日いうところの教室は、まったく印刷物の副産物だったのである。

演説風の詩を育てた印刷物

活字印刷が始まってほぼ一世紀経過して、印刷業者は読者のためにページ付けをすることを考えた。それ以前には、ページ付けは製本業者のためにだけ行なわれていた。印刷物の登場によって書物は、なにか記憶されるべきものであることをやめて、参照のためのものとなったのである。

一六世紀を通して個々の作者は、印刷登場以前の時代の口頭コミュニケーションの自由と融通性をもって、文章ごとに、あるいは節ごとにさえ、調子《トーン》を変えた。

一七世紀も後期になって、印刷というものはスタイル革命を要求しているのだということがやっと明らかになってきた。新しい読者のスピードのある目は、調子が移り変わることは喜ばず、本全体を通して一ページ一ページの調子が着実に一貫していることの方を歓迎した。それはちょうど自動車に乗っている人が、バーマ・シェイブの叫びやミス・ラインゴールドの魅力的な身ぶりの広告がまき散らされた道から、ハイウェイに出るような場面の変化に似ている。

一八世紀にいたるまでには、読者は作者が文章の進行を制御し、速やかでスムーズなドライブにさそってくれるのにまかせっきりになることができたのである。散文は都会風になり、舗装道路のようになった。一六世紀の新聞雑誌文体《ジュルナリーズ》のとびはねる馬は、ロデオの馬に似ていたのである。『パラサスからの帰還』のインゲニオーソはいう、「私のペンを樽の栓のように走らせ、酒場の給仕のように速やかに策を案出しよう」。ところがトマス・ナッシュになると息も継がずに、筋の通らないスタイルでまくし立てて、極度にすばやい精神と注意を要求するのである。

「まことに奴らはバカ者どもで、神ほどの知識があり、金持ちほどの知恵があるかのように説いてまわっている。彼らの思いつきは、箱の中の蜂のように彼らの耳の中に鳴るものであり、天国であれ地獄であれ、なにか気に入らぬことを耳にするとその人間に永久の破滅の令状をつきつける。

彼らは自分たちとキリストの使徒との間にはなんのちがいもないというが、なるほど彼らは使徒たちのように貧しくいやしい商売についており、同じように知恵もなく、人間に対する尊敬の念もなく、ただ、ペテロは剣をもっていたが、彼らは剣をもった人間をののしる。いや彼らはこの意見にこり固まっているのであり、彼らが戦場に現われるときには、だれ一人としてそのために死ぬべき刃を（いやいや、玉ねぎの皮ではない）身につけてはいないだろう」

シェイクスピアのような大衆作家は、古代を模倣しなくてはならないという人文主義者の強迫観念から自由であった。彼は大衆の好んで使う昔からのいいまわしや、印刷物からあふれ出るおびただしい言葉ができた。彼の多くの典型的な効果というものは、話し言葉の詩、あるいは演説口調の詩という新しいメディアを通して、宮廷や貴族の視覚的な仮面や虚飾をあふれるように描き出したところから生じている。

一六世紀の教養人は、古典の詩人を模倣するだけでなく、この韻文を歌にも適用しなければならないと一途に思い込んでいた。韻文は朗誦されるものとしての資格をもっていなかった。それは歌われなくてはならなかった。印刷のおかげで話される韻文が舞台で一般的になった。歌はスピードを低下したスピーチであり、単一の調子あるいはピッチに適応されたものである。印刷によって、韻文を急速に読むことが可能となった。歌のスピードをあげることによって印刷物は演説風に話される詩を育てたのである。

学識ある教養人が苦労してギリシャの劇をグランド・オペラの形式に再現することを試みていた一方で、シェイクスピアはラテン語、スペイン語、フランス語、イタリア語からのたくさんの翻訳で豊かになった日常的な言語の新しい素材と色彩を楽しんでいたのである。ジョン・ダンをはじめとする形而上学派の詩人たちがこの話される新しい韻文を抒情詩に持ち込むときに、その強度な視覚的要素の強調をも持ち込んだのである。あまりにもこの視覚性の強調を意識して心がけたので、彼らは旧式な「貧者聖書《ビブリア・バウプルム》」の絵画的な民間伝承の話に先祖返りしてしまった。

進む文章の明確化

一三世紀から一六世紀の間に、文法的な統辞法《シンタクス》の原理として、語順が言葉の屈折に変わったのである。同じような傾向は言葉の形成についてもあった。印刷術以降は、この両傾向が大いに促進され、統辞法は聴覚的な方法から視覚的な方法に移行した。チャールズ・フリーズはこう書いている。

「古代英語では修飾のこの関係——性格と本質、あるいは修飾語句と名詞の関係——はまず屈折の形式という手段によって指示された。そこで、“on aenium otherum mystres thingum”という文の場合、“otherum”が“thingum”と相伴うことは明白である。なぜなら両者とも格が複数・与格であるからである。われわれは〝僧院のなにか他のものにおいて〟を複数形でいわざるをえない。近代英語では“other”を“things”の修飾語にしたいときには、そのすぐ前にもってきさえすればよいのである。……中世英語の時期がくるまでは、単数の集合名詞が、複数の動詞の前あるいは後にすぐあるというようなことはおよそありえなかったのである。しかしそれ以降、英語の集合名詞は、名詞の形式よりも、強調されている意味に依存する数に一致するようになったのである。いいかえれば、英語の発展のなかに現われた第二語《セカンダリー・ワーズ》の数形式の使い方に関するパターンは、第一語《プライマリー・ワーズ》の形式よりもまずはそこが強調されている数理念に基づいて数を一致させるということなのである」(*American English Grammar*, 1940, pp. 49, 256.)

エドワード・P・モリスは『ラテン語統辞法の原則と方法』に次のように書いている。

「個々の語が部分的に屈折するという一般的な動きは、印欧語の歴史の中で、もっとも徹底した根本的な変化なのである。それはすなわち、概念の関係をより明確に感じるようになったことを示しており、その結果なのである。概して屈折は関係を表現するよりはむしろ示唆する。あらゆる場合に、単一の語、たとえば前置詞による関係の表現が、同じ関係を格形式で示唆するのより明確である、というのは正しくない。

しかし、その関係が単一の語に関連させうるものであるときにのみ、かなりの程度の明確さを感じうる、というのは正しい。概念間の関係はそれ自体、一概念になるべきである。この限りにおいて、個々の語による関係の表現への動きは、明確性への動きである……。副詞・前置詞は、格形式に潜在的な意味のいくらかの要素を、より明確な形式で表現するものである。したがって、それは格形式の意味を規定するものになりうるのである」(*On Principles and Methods in Latin Syntax*, 1902, pp. 102, 103～4)

さてこのように、われわれの背後には「単一の明確な意味」を望んで、言語から曖昧さや暗示を取り除くのに努めた非想像的な数世紀があったのである。言葉の全生命を意識した聴覚想像力の回復は、複合的な様式《モード》を許容しない視覚的な言葉の印刷形式の横暴を払いのけたのである。

屈折的なものは、関係を表現したり、書きつくしたりするというよりは暗示するのである。テクノロジーとは明確性である。この点では書字法は大変なテクノロジーの進歩だったのである。それは屈折的な言語構造において暗示されていた、多くの関係を明確に、あからさまにしたのである。

そして書字法で明確になりえないものは、急速に姿を消してしまった。印刷術は書字法よりはるかにすぐれた明確性、説明性のテクノロジー手段であった。しかし印刷で視覚的に明確になしえない聴覚的な屈折や関係は、方言や俗語を除いては、間もなく姿を消してしまったのである。

文法形式も視覚化

こうした変化の結果、英語には主格から与格あるいは対格を区別するものとしてはわずか六つの形 (me, us, him, them, her, whom) しか残っていない。また、こうした代名詞の六つの形は今日の用法では、文法上の観念を伝える機能は果たしていないのである。こうした言葉が英語の読み書きに十分に習熟しない人たちの英語学習のつまずきになっている場合が多い。その場合、問題は、習っている視覚的あるいは語順に基づく文法に、そうした言葉の音のパターンをなんとかして関連づけなければならないということなのである。

句読法が修辞上の機能と統辞上の機能に二股をかけているのと同じように、こうした聴覚的で屈折的な英語の遺物も二つの機能に二股をかけているのである。実際に使う人たちは、この一種の迷いものを扱うときには、言葉のもつ視覚的語関係を無視していることに気がついていない。この種の混乱は、その他の文法形式についてもいえることである。フリーズはこう書いている。

「一五世紀の初期以来、名詞と動詞の間の関係を示す文法的手段としての語順の重要性が次第に高まってきて、こうした六つの与格・対格の形式の使用に重大な影響を及ぼすようになった。英語文章の中にある位置は「主語」領域、他の位置は「目的語」領域と感じとられるようになって、それぞれの領域の言葉の形式は、その領域の性格に自ら適応を迫られるようになったのである。与格・対格の形は、それ自体の機能をなんら現実に果たすことなく、他のものの付属物として使用されることになり、語順の圧力にほとんど抵抗は示していない。

近代英語の I was given a book（私は書物を与えられた）はこの語順の圧力を示すよい例となる。古代英語では、Me waes gegiefen an boc. となり、与格の代名詞が頭にくるのが普通の構成であった。ところが語順が文法的関係を示す強力な手段となるに及んで、「主語」領域にある "me" が主格の "I" に変わった。

一六世紀以来、幾人かの文法学者の抗議があったにもかかわらず、この新しい構成が普通の英語の用法となったのである。古代ならびに中世英語によく現われる非人称動詞を伴った与格は、こうした構成が代名詞の主格と人称動詞によって置き換えられるときにも、語順の圧力を示している。Hime likode が He liked になった。Me greues が、I grieve になった。

結局、こうした代名詞の格形式の利用に関して問題が生じてくるのは、語順の圧力が古い用法の惰性と相矛盾するごく少数の場合に限られるのである。ほとんどあらゆる場合、屈折に関する古い用法は（ラテン語の場合と同じように）、新しい語順の圧力に応じるのである……。

人称の場合、明確な動詞の形式は消失する傾向があり、それに代わるべき新しい用法は出てこなかった。しかし、叙法《ムード》に関しては、屈折の消失とともに、いわゆる法助動詞のひんぱんな使用が始まった。これは行動あるいは状態に対する情緒的態度を表現するのに使われる機能的助動詞である。古代英語では、現在についても過去についても、仮定法の明確な動詞型があった。仮定法の中では、単数と複数の数形式は明白に区別されていた。

しかし、人称を区別する形式はなかった。こうした明確な仮定法の形式は英語の発展のなかで、直接法の形式と一緒になって現在の英語に及んでいるのである。ただ、あらゆる動詞の中で "be" 動詞を除いて、仮定法を直接法から区別する一つの形式が残っている。現在の英語では、過去においてそうであったように、仮定法はさまざまの人称に関して弁別的な形式を有していない。しかしながら直接法はいまだに三人称単数において "s" をとどめているのである。ただ実際のところ、この "s" のない仮定法はめったに出てこない。ただ俗用には出ている。So *help* me God（「神に誓って」）、God *bless* you and *speed* you on（「お大事に、ご成功を祈る」）、*insisted* that he join the army（「彼が軍隊に入るように主張した」）」（*American English Grammar*, 1940, pp. 90, 103）。

わずかに直接法に残っているだけなのである。そして単一のレベルの線型性についてもっとも重大なことは、われわれは言葉の意味を「口でいうこと」をやめて、非聴覚的な形式で指示することにかえたということである。いったん言葉のダイナミクスが視覚的な形式に移行しはじめるや、過去、現在、未来だけが意味のある時間感覚となる。なぜなら、そうしたものだけがページを読む読者に指示できることだからである。

文字以前の言葉、そして聴覚的な言葉の同所同時的な秩序には当然のことであった複雑微妙な時間と気持の諸関係は、植字工のアセンブリー・ラインによって速やかに刈りとられてしまうのである。

影響力大の新聞見出し

言葉を文字に書いて符号化すること、ことに活字で符号化するという明確性のテクノロジーは、新しい語形成の素材として単音節を展開あるいは利用する傾向であればどんなものでも迎えいれる本質をもっている。テクノロジーについてわれわれが知っていることはすべて、そこには取り換え可能な部品と多くの役割を果たしうるきちんとした単位への自然の傾向性があることを教えてくれる。

一五世紀までは多くの動詞に残っていた末尾の"e"の消失は、多くの言葉が名詞としても動詞としても機能することを可能にした。このことは一六世紀における用法に大きな自由を与えたのだが、それはなにもその時期に特有のものではなく、衰えることなくその後もつづいた傾向なのである。

おそらく、今日の新聞の見出しは、名詞、動詞の両機能を果たしている点では、エリザベス朝をしのいでいるだろう。単音節主義の推進には、新聞以外のあらゆる要因を総計したところで、新聞ほど大きな役割を果たしたものはないのである。新聞見出しによって、印刷の純粋に視覚的側面が、はじめて生み出されたというよりは強化促進されたのである。見出しは、もともと表音による書字法に内在していて、活字で顕在化し、新聞で明確になった要因を強調しているにすぎないのである。

EPSOM SALTS WONT WORK
「エプソム塩、ストに」
STIX NIX HIX PIX
「スティックス、わいせつ映画の公開を禁止」
BERRAS BIG BAT BANISHES BUMS
「ベラの一打、バムズを撃退」
LONDON FIDDLES WHILE BURNS ROAMS
「バーンズがいない間にうかれるロンドン」

UNDERCOVER MEN UNCOVER UNDERWEAR UNDERWORLD
「情報屋が暴露する下着業界の内幕」

電信によって育てられた動力印刷が狂ったように単音節スタイルと行動的な動詞の見出しを推進した一方で、文学者たちはこの展開を単純な日常的なアングロ・サクソンの英語の優位性についての理論で正当化しようとした。イェスペルセンはすべからく言葉の外見の結果生じている逆造法現象《バック・フォーメーション》について書いている。

「副詞としての"sideling"(「横に」)、"groveling"(「頭を下げて」)、"darkling"(「暗がりに」)は、語源的には副詞語尾の"-ling"を使って形成されたものであるが、"he walks sideling", "he lies groveling" などでは、それらの副詞は分詞とそっくりに見えるために、結果としては逆に"-ing"をとって新しい動詞"to sidle", "to grovel", "to darkle"が導かれたのである」。しかし、イェスペルセンらはどうして言語の変化における視覚性の力を、そのような逆造法現象のごときささやかなところだけにしかみないのであろうか。

一八世紀以降の印刷文字の文法は、正確さの概念のうえに立って一種のモヤをつくり出した。印刷という形式自体から無意識的に導き出されたこの概念がいったん普遍的に浸透するや、われわれの言語の状況の実際のダイナミクスを研究する希望はすべて抹殺された。言語に複雑な影響力をもつわれわれの新しいメディアも同様に今日、そのモヤにおおわれているのである。

3　メディアの履歴書

マーシャル・マクルーハン

一八三〇年ごろ、ラ・マルティーヌは新聞が書物文化の終点であることを指摘してこういった――「書物がくるのが遅すぎた」。同じころ、ディケンズは新聞を新しい印象派芸術の土台に用いた。一九二〇年には、D・W・グリフィスとセルゲイ・エイゼンシュタインは、新聞を映画芸術の基盤として研究した。

ロバート・ブラウニングは彼の印象派的叙事詩『指輪と本《ザ・リング・アンド・ザ・ブック》』の芸術形式モデルとして新聞をえらんだ。マラルメはその『骰子一擲《アン・クープ・ド・デ》』で同じことを行なった。

新聞人でありシェリーのようにSF作家でもあったエドガー・アラン・ポーは、詩の創造過程を正確に分析した。新聞が連続性をもって発行されるという条件が彼やディケンズに、結末から発端に逆の方向へ書くことを教えたのである。このことは一作品の全部分の同時存在性《サイマルタニティ》を意味するのである。この同時存在性はつくられるもののもつ効果に鋭い焦点をあてることを要求する。同時存在性は地球都市《アースシティ》を扱う新聞の形式である。同時存在性は探偵小説の方法論でもあれば、象徴主義の詩の方法論でもある。いずれも、新しいテクノロジーの文化の（一方は「低い」、他方は「高い」）派生物である。電信が数学と物理学に関係があるように、同時存在性は電信に関係がある。

ジョイスの『ユリシーズ』はこのテクノロジーを基とする芸術形式の周期を完結した。マス・メディアは人間の知覚のメカニズムの拡大・延長である。マス・メディアは人間の理解と判断の様式を模倣するものである。

新聞形式においてテクノロジー的文化は、理論物理学のもっとも高級な操作に対応するような型《パターン》を日常的なものとしてつくり出しているのであるが、それは意識化されていないものなのである。

ニュートンの『光学《オプティクス》』は絵画的、ロマン主義の詩のテクニックをつくり出した。風景詩や風景絵画における非連続的な併置のテクニックは、大衆的な新聞や小説に移管された。

一八三〇年には、この新聞というテクノロジー革命のために、イギリスの一般大衆の意識は、フランスその他のヨーロッパ大陸の知識人たちが一世代のちにやっと獲得したような状況にすでにつくりあげられていた。

新しいメディアによる世界再編成

平均的にいって二百年の間、イギリスとアメリカのこの無意識は、公認の文化と意識化に先立っていた。したがってイギリスとアメリカの知識人は二百年間は自動的に官界に対立して平均的な人間と同じ生き方をしたのである。

スイスの文化史学者ギーディオンは、アングロ・サクソン系諸国家における新しいテクノロジー文化を記述するのに、「無名史《アノニマス・ヒストリー》」という概念を創作しなくてはならなかった。大学の教授連は二百年の間、文化から逃げ出してきた。というのもテクノロジー社会たけなわの文化は大衆文化であり、それは高級と低級の間になんら境界を設けないものだからである。

テクノロジーの時代の子供は、汽車、船、飛行機の詩に対して、また、機械製品の美に対して、教えられることなしに喜んで反応を示す。学校の教室では、官僚の世界がすべてこうした子供たちの自然の体験を抑圧する。子供たちは彼らの文化から引き離されるのである。子供たちはテクノロジーを介して物事を意識化するという扉を通って、人類の伝統的遺産に近づくことを許されないのである。子供たちにとっては唯一のこの扉が目の前で閉じられているのである。残る扉は知的文化の扉だけである。ごくわずかの人がその扉を見つけることになるが、大衆文化への戻り道を見出す人はさらにわずかである。

T・S・エリオットは文字教養のない人の方が好きだといった。なぜならば官界教育による文字教養では若い人たちが自分を知り、過去を知り、現在を知る能力を身につけることができないからである。エリオットの詩の方法は、一般に普及しているラジオの真空管の配線の方法を、意味の形成と制御に直接に適用するものである。エリオットの詩は、芸術的な制御の下に、同時代の人間のもつ日常の意識と文化を体験することの可能な直接的方法がとられている例である。

写真と映画はあまりにも簡単にリアリズムを放棄してしまった。いずれも自らをリアリズムに代置したのである。

新聞も含めてすべての新しいメディアは、詩と同じように、それ自身の仮定を人に押しつける力をもった芸術形式である。新しいメディアは、われわれを古い「リアルな」世界に関連づける手段となるものではない。それ自身がリアルな世界なのである。それは残っている古い世界を意のままに再編成するのである。

官製の文化はいまだに新しいメディアに、古いメディアの仕事をさせようと努めている。しかし、馬を必要としない車は、馬の仕事をしたのではない。それは馬を使うのをやめて、馬のできないことをやったのである。馬はたしかにすばらしいものである。書物とても同様である。

テクノロジー芸術は地球全体と人類を素材とするのであって、形式とするのではない。

テクノロジー文化と相いれぬロシア人

目に見えないものに驚いたり、それを嫌がったり、冷笑で迎えようとするのはもう遅すぎるのである。普通の生活や仕事はわれわれに、メディアを人間的な目的に奉仕させるべきことを要請しているのである。メディアは玩具ではない。メディアをマザー・グースやピーター・パン的な重鎮の手にゆだねておくべきではない。メディアは芸術形式なのであり、したがって、新しい芸術家にのみゆだねるべきものである。

テネシー、ミズーリ、ミシシッピーの河川を手なずけることは、映画、新聞、テレビを人間的な目的のために制御するのに比べれば子供の仕事である。テクノロジー文化の野生馬はいまだにその調教師を得ていないのである。彼らはやっと彼らの広告マンを見つけたところである。

ヨーロッパの人びとは、自分たちをあまりにシリアスに考え、またあまりにも感傷的にとらえているので、新しいテクノロジーの力を自分のものとすることはできない。ヨーロッパ人には地球都市《アースシティ》は考えられないのである。彼らは古い都市空間をあまりにも永い間占拠していたために、新しいメディアによって生み出された新しい空間を感じとることができないのである。

イギリス人はどの国民よりも長期にわたり、テクノロジー文化とともに生きてきた。しかし、彼らは船が飛行機に席を譲ったとき、その文化を再編成する機会を失した。しかし、英語はすでにあらゆるテクノロジーの基盤となっているのである。

ロシア人は内向的でいかめしい性格のために、テクノロジー文化を形成する能力をもっていない。将来テクノロジーをマスターする人びとは陽気な人間であることが必要だろう。機械は容易にいかめしい人間を支配することができるのである。

ロシア人の気むずかしさは、新しいメディアとそれがもっている社会の存在の仕方をかえる力に対する恐怖に根ざしている。ロシアはマルクスを生み出した一八五〇年以前の状況を固守しているのである。そこでは文化は終わる。ロシア革命は書物文化の段階に到達したものであった。

ロシアの政治家たちはわれわれの大学教授連と共通のメンタリティの持ち主である。彼らはテクノロジーが過ぎ去るのを望んでいるのである。

4　メディア・アフォリズム

マーシャル・マクルーハン

都市は観光客向きの文化的幽霊としてならともかく、もう実在しない。どのハイウェイの食堂にもテレビがあり、新聞があり、雑誌がある。それはニューヨークやパリとまったく同じように国際的《コスモポリタン》だ。

かつて農民はいつも都市郊外の寄生者であった。彼らはもはや実在しない。今日、彼は「都市」の住人なのである。

大都市はいまでは教室である。広告はその教師である。学校の教室は、いまでは時代遅れの留置場であり、封建時代の土牢である。

大都市は時代おくれになった。軍隊を呼べ。

ラジオ・テレビが同時的に地球をカバーすることになったので、都市という形式は意味を失い、機能を失っている。かつて都市は生産と相互交通の現実に関連をもっていた。いまは違う。

書字法が発明されるまで人間は、今日のエスキモー〔イヌイット〕のように、音の空間に生きていた。限界のない、方向のない、地平線のない、精神の闇、情動の世界、原初の直覚と恐怖の空間である。話し言葉《スピーチ》がこの暗い沼の海図である。

スピーチがつくり出す空間は底のない心と音の空間で、それが部族をおおいつつむ。それは人間の闇の宇宙的な、目に見えない建築である。話せ、そうすればお前を見ることができるだろう。

書字法は高く、かすんだスピーチの峰々にスポットライトを照らした。書字法は音の空間の視覚化であった。それが闇に明かりをつけた。

「五人の王は一人の王を殺してしまった」

物語の鵞ペンが、口の言葉を終わらせて、神秘を排し、建物と町を生み、道路と軍隊をもたらし、官僚制をもちこんだ。それは精神の闇から光明への段階である文明のサイクルが始まったそもそものメタファ（隠喩）であった。紙面を埋めた手が都市をつくった。

手書きはハリウッドのセルロイドの壁にある。書字法の時代は過ぎ去っている。われわれは新しいメタファをつくり出し、われわれの考えと感情を再構成しなくてはならない。新しいメディアは人間と自然との間の橋ではない。それは自然そのものである。

書字の機械化は、すべての文明が依存している視覚的・音響的メタファを機械化した。それは教室と大衆教育、近代の新聞と電信をつくり出した。それは流れ作業の工程の始まりであった。

聴覚的空間への回帰

グーテンベルクは全歴史を同時的なものにした。持ち運びのできる書物は、死者の世界を紳士の書斎の空間にもちこんだ。電信は全世界を労働者の朝食のテーブルにもちこんだ。

写真は透視法の絵画と固定した目の機械化である。それは印刷物がつくり出した国家主義的《ナシヨナリステイツク》な自国語の空間の境界を破った。印刷物は口でしゃべるスピーチと書かれたスピーチとのバランスをこわした。写真は耳と目のバランスをこわした。

電話と蓄音機とラジオは、文字教養獲得後の聴覚的空間の機械化である。ラジオはわれわれを心の闇につれもどし、火星の侵略とオーソン・ウェルズにひきつけたのである。それは音の空間であるところの孤独という井戸を機械化する。拡声器に接続された人間の心臓の鼓動は、だれでも溺れることのできる孤独の井戸を提供してくれる。

映画とテレビが人間の感覚領域の機械化の周期を完結させる。偏在する耳と動きまわる目をもつことによってわれわれは、西欧文明のダイナミズムを確立した専門化した聴覚的・視覚的メタファであるところの書字法をなくしてしまったのである。

書くことを超えることによってわれわれは、一国あるいは一文化のではなく、宇宙の、地球の全体性を再び獲得したのである。われわれは高度に文明化した準原始的な人間を喚起したのである。

しかし、いまだにだれも新しいテクノロジー文化に内在する言語を知らない。われわれは新しい状況に対しては目も見えなければ耳も聞こえない。われわれにいかにも説得的な言葉や思想も、現在ではなく、かつて実在したものについて語っているのであり、われわれを裏切るものである。

われわれは聴覚的空間に戻ったのである。われわれは三千年の文字教養の歴史によって引き離された原初の感情と情緒を、再び自分のものにしはじめているのである。

「手は流すべき涙をもたない」

5 壁のない教室

マーシャル・マクルーハン

今日われわれが「視聴覚教材」と当然のことのようにいうのは、われわれがいまだに本を標準と考え、他のメディアを付随的なものと思っているからである。われわれはまた新しいメディア（新聞、ラジオ、テレビ）をマス・メディアと考え、本を個人的な形式と思っている。本は読者を沈黙のうちに孤立させ、西洋的「個我《アイ》」の確立に寄与したから個人的な形式だというのである。しかし本というものは、大量生産《マスプロ》の最初の生産物なのである。

本という形式によってだれでも同じものに接することが可能となった。中世には、多くの学生や研究所が同じ本のコピーを持つことは不可能であった。手書きの稿本やそれについての解説は口述された。それを学生は記憶したのである。授業はほとんど全面的に口頭で、かつ集団的に行なわれた。一人だけでの勉強ができるのは程度の高い学者の場合に限られていた。もっとも初期の印刷本は、口頭による授業の「視覚補助教材」だったのである。

印刷術以前にあっては、若い学徒は耳で聞き、目で見、自ら行為することによって学んだ。ごく近年まで、田舎の子供たちはそのようにして年長者の言語や行動を学んだのである。学習は教室の外で行なわれたのである。そもそも学術専門家を目指す者だけが学校に行ったのである。今日、都市においては、学習の多くが教室外で行なわれている。印刷物、映画、テレビ、ラジオで送られてくる情報量は、学校での授業、教科書の情報量をはるかにしのいでいる。この挑戦によって、本の補助教材としての独占が崩壊し、教室の壁そのものが突然、砕かれたために、われわれは混乱し、当惑しているのである。

こうした混乱した社会状況にあっては、多くの教師は当然のことながら新しいメディアの提供するものを、教材としてよりも娯楽としてみることになる。しかし、これでは学生たちを信服させることはできない。いったい最初に軽い娯楽ものと考えられなかったような古典があるだろうか。一九世紀にいたるまで、ほとんどすべての自国語で書かれた古典は、そのようなものとしてまずは受けとられたのである。

演劇の複製としての映画

多くの映画は、少なくとも、今日の教科書に認められている水準に匹敵する程度の洞察と成熟度をもってつくられている。ローレンス・オリビエの演じる「ヘンリー五世」や「リチャード三世」は、学術的にも芸術的にも高度のものをそなえており、高い水準でのシェイクスピアとなっていながら、しかも若い人たちが容易に楽しんで見ることのできるものである。映画と演劇との関係は、書物と手書き稿本との関係に等しい。映画がなければ、ごくわずかの人びと、限られた回数・場所に限定されるものを、映画は多くの人びとに、なんどでも、多くの場所で提供できるのである。本と同じように映画は、複製手段なのである。テレビ番組は五千万の人びとに同時に見られる。読書経験の価値が、多くの人びとへの拡大という現象によって縮小してしまったと感じている人がいる。「マス・メディア」、「大衆娯楽《マス・エンタテインメント》」といった言葉にもそのことは明らかにうかがえる。こうしたいい方は、英語自体がマス・メディアであるという事実をおおいかくす無用のものである。

いまやわれわれは、新しいメディアは幻の世界をつくり出すただのトリックなのではなく、新しい、独自の表現力をもった新しい言語であることに気づきはじめている。歴史的には、英語のもちうる資源はつねに新たな変化を受けて形づくられ、表現されてきた。印刷術は書きものの量だけではなく、言語の性格、ならびに作者と公衆との関係に大きな変化を与えた。ラジオ、映画、テレビは、書かれる英語の性格を、話される言葉のもつ自発的で自由な動きの性格に変えているのである。

そうしたメディアのおかげでわれわれは、表情言語や身ぶり言語に対する強い意識を回復させてきているのである。もしこうした「マス・メディア」が、これまで人間が獲得してきた言葉と視覚的文化の水準を低くしたり、あるいは破壊したりするのに力となるばかりであるとすれば、それは新しいメディアに本質的に欠点があるためなのではない。それはわれわれが、そうした新しいメディアを、やがてわれわれの全文化遺産の中に統合していくための新しい言語だとして、自分たちのものになしえていないからなのである。

楽しめるものが最良の教育手段

このように新しい展開を分析的に考察してくると、教室にとっての基本的な文化戦術が明らかになる。最初に印刷本が現われたとき、それは口頭による授業の手続きへの挑戦となり、今日みるような教室が生まれた。自分の教科書、自分の辞書、自分の文法をつくるかわりに学生は、そうした道具をもってスタートするのである。こうして学生は、一つの言語ではなく、いくつもの言語を学ぶことができるようになった。

今日、新しいメディアはこの伝統的な教室授業を、単に補強するだけではなく、おびやかしているのである。この挑戦に対する常套的な回答は、かつてマンガ本が怖がられ、軽蔑され、教室から閉め出されたのと同様に、映画やテレビのもつ不幸な性格や影響力を告発することである。そうしたメディアの内容と形式の良い点、悪い点を慎重に他の芸術や叙述とならべて検討してみれば、教師にとっても重要な資産となりうることは明らかだろう。

学生の関心がすでに集まっているところこそ、他の問題や関心事の解明に向かう自然の出発点である。教育の目的は、認識の基礎的な手段をそなえさせるばかりでなく、日常的な生活経験についての判断力や識別力をつけさせることでもある。

新聞を分析することができる学生はほとんどいない。映画を知的に議論することのできる者はもっと少ない。日常的なこと、情報について判断力があり識別力があることこそ、教育を受けた人間の証拠である。

教育と娯楽の間になにか根本的な差異があると思うのは誤りである。こうした区別をつけることによって人は、事態に対する探求の責任を回避するにすぎない。それはあたかも、一方が教え、他方が楽しませるということで、教訓的な詩と抒情的な詩を区別するようなものである。しかし、なにごとによらず人を楽しませるものが、より効果的に人を教えるものであるのはつねに真実であった。

6 テレビとは何か

マーシャル・マクルーハン

カナダはアメリカにとって早期警報装置の国である。アメリカは世界の環境になったので、なにが起こったかを発見する手段として、遠距離早期警報装置を切実に必要としたのである。文化的にみて早期警報装置はきわめて貴重なものである。

トロントの「文化とテクノロジー研究所」における私の仕事は、二つの局面でテレビの将来にことに重要性をもっているように思える。最近われわれが見出したことの一つに、あらゆる社会においてすべての新しい環境は、古い環境の強力なイメージをつくり出す、ということがある。

新しい環境は目に見えないのである。テレビ番組「ボナンザ」の描く世界はわれわれの現在の環境ではなく、古い環境である。そしてわれわれは郊外都市の暗い部屋に閉じこもってこの古い環境のイメージを見ている。これは普通のことである。われわれはテレビの環境に生きていながら、その環境を見ることができないのである。

すべてが同時に起こる世界

私はまた主に知覚の問題、どのようにしてわれわれは事物を見るのかという問題の検討を行なっている。これに関連して思い出したが、先日ある人が、カナダには階級がない、あるのは「大衆《ザ・マス》」と「諸大衆《ザ・マシズ》」である、といっていた。カナダはわずか百年前に鉄道によって建設された。あらゆるものが鉄道に負っている。フランス系カナダとイギリス系カナダを結合させたのも鉄道である。鉄道は強力な中央集権力である。ところが飛行機とテレビとラジオの登場でカナダは一つの終点に近づきつつある。三千マイル〔約四千八百キロメートル〕の幅をもつ国は反中央集権力である飛行機、ラジオ、テレビを片づけてしまって鉄道を結合しておくことは不可能である。分散はラジオ、テレビのもたらす単純な事実である。

ラジオとテレビは電光のように強力な反集中的、分散的な力である。それは北極の氷の上にいる人でもここにいる人でも、どこにいるだれにでも同じ情報、同じ空間、同じ便宜を与えるのである。二〇世紀に中央集権性を説く人は、古いテクノロジー——「ボナンザ」——を眺めているのであって、新しいテクノロジー——エレクトロニック・テクノロジーを見ていないのである。

われわれの子供たちはエレクトロニクス的に統合された世界に——あらゆることが同時に生起する世界に——育っているのである。それは「あらゆるものが同時に存在する世界《オール・アット・ワンス・ワールド》」なのである。それなのに子供たちは、あらゆるものが分類され、断片化されている教室に入れられてしまう。そこでは教えられる課目は、相互に関連づけられてはいないのである。

だから子供たちは本当に当惑する。そのことをポール・グッドマンは「ばかげた成長」といっているのである。エレクトロニクス的な、統合された世界から、われわれが学校制度と呼んでいる非統合的、断片的、機械的な古い一九世紀テクノロジーの世界に出かけて行くことほどばかげたことがあるだろうか。

一六世紀の画家にヒエロニムス・ボッシュという人がいるが、彼はこれと同じ板ばさみの窮地を「聖アントニオの誘惑」をはじめ、多くの悪夢のような絵に描いた。一六世紀の体験がわれわれの体験と似ているのである。ただそれは逆のものであり、いわばわれわれの体験が陽画《ポジ》であれば、一六世紀のそれは陰画《ネガ》であった。立体像的、彫刻的空間の古い中世の世界は、視覚的透視の空間によって突如としてまとめられた世界に直面させられたのである。だから「聖アントニオの誘惑」では、古い中世の奇妙な像の世界が、画一的で連続的な結合された空間をもった新しい透視法のルネッサンス世界におおわれているのである。

一六世紀の人間ボッシュには、この新しい世界は人間の価値として知られてきたすべてのものを破壊する乱暴なものに見えたのである。

われわれが今日、全文明の基盤と思っているもの――画一的でつながった連続空間、合理的空間、合理的秩序――は一六世紀には、彼らのもっていた秩序への野蛮きわまる侵略として受けとられたのである。視覚的空間はあらゆる人間的秩序を破壊するものと考えられたのである。それをわれわれは今日では、あらゆる人間的秩序の基盤だと思っているのである。

エレクトロニクス回路の登場がつくり出しているのは、視覚的空間ではなくて、すべてが同時に生起する空間なのである。新しい冗談を検討してみるがよい。

「アレクサンダー・グラハム・コロスキーは、最初の電信柱です」

この冗談には空間の観念がなく、出発点がなく、脈絡がない。すべては一度に起こる。

「紫でブンブンいうものは?」

「当たり前、電気ブドウ」

「なぜブンブンいうか」

「言葉を知らないからさ」

これも子供たちの好きな、まったく非合理的で脈絡のないストーリーなのである。これは一時にあらゆることが生起するのが普通であるようなエレクトロニクス的世界である。それはわれわれが生活し、働いている世界ではあるが、われわれは必ずしもその原理によって思考しているわけではない。われわれの考えはいまだに古い一九世紀的世界においてすべて行なわれているのである。なぜならば、われわれはすぐつながった過去――「ボナンザ」のように見ることのできる過去――の世界に生活しているからである。

「ボナンザ」はわれわれが大丈夫だと感じる、過ぎ去ったばかりの世界なのである。毎週、世界六二カ国の三億五千万の人びとが「ボナンザ」を見ている。もちろんすべての人が同じものを見ることになるわけではない。アメリカでは「ボナンザ」は「昔」なのであり、他の多くの国にとっては、それは到達すべき将来なのである。

古い環境は芸術

分離・分散のエレクトロニクス的世界は、病気と不快と悩みの世界をつくり出し、それがひるがえってたくさんの冗談を生み出してきたのである。すばらしい本『おかしな男《ザ・ファニーマン》』の中でスティーブ・アレンはこういっている――「おかしな男は苦情のタネをもった男である」。

そこでわれわれは苦情を含んだ冗談を聞くことになる。

猫がネズミを追いかけていた。ネズミはとうとう猫をケムにまいて床下に逃げ込んで、ハアハアいって猫がうろうろしている間、かくれていた。しばらくしたらすっかり静かになった。ネズミが少しばかり安心したところ、「ワン、ワーウン」というような声が聞こえてきたので、これはてっきり犬が来て猫を追い払ったにちがいないと考えた。そこでネズミはのこのこ姿を現わした。猫はとびついた。そしてむしゃむしゃネズミを食べながらこういった。「ともかく、二カ国語できるのは得ですよ」

もう一つ。数年前、カナディアン・シェル会社の社長がアメリカン・シェル会社の社長に話をしていた。「われわれは大規模な人員統合計画をたてて、全面的な人員再編成をする必要がある」。するとアメリカン・シェルの社長がこういった。「いったいあなたはだれに話をしているつもりなのか、白人にですか」。こんなのは二連発銃式の冗談といえるだろう。

ユーモアというものは感受性や不平不満といった移り変わりやすい領域に関係しているものであり、社会科学的調査の対象領域としてきわめて重要なものなのである。俗語も環境における圧力に非常に敏感に反応するものであり、だからこそ長続きするものではない。圧力が変わると俗語も変わるのである。俗語は深いところにある動機を記録する自発的で自然な行為である。俗語、苦情をこめた冗談、ストーリーのない冗談、これらはすべてあらゆるものが同時に生起するエレクトロニクスの世界のものなのである。

新聞もこれに似ている。新聞にはストーリーとしてつながらない記事がつまっている。読者の方でつなげる場合を除けば、どの二つのニュースの間にも関連はない。日付の行《ライン》はあるが、ストーリーの筋《ライン》はない。エレクトロニクス的世界では、衣装の系統、男性の行列、党路線、くけ縫い〔針目が表に出ない縫い方〕をした裾のライン、ネック・ラインなどなどのラインの消失と同様に、ストーリーのラインも消失するのである。あらゆる線的性格の形式は消失する。

テレビはメディアとしてはきわめて非線型的、非ストーリー・ライン的形式である。テレビになんらかのストーリー・ラインらしきものがあるとすれば、それは自然な話の筋をもった映画のような、他のメディアから借り入れたものである。もちろん、映画に対するテレビの一つの影響の結果がフェリーニの世界であり、その他の新しい映画である。それらはすべて話の筋をもたないのである。テレビと映画の相互影響はきわめて大きなものがある。

テレビが登場するとテレビは映画形式のまわりをとり囲んでしまったので、結果として、映画は一つの芸術形式となった。映画はそれまではきわめて卑俗なものであった。それが今では芸術である。およそ新しい環境が古い環境のまわりに登場すると、古い環境は芸術形式となる。馬車のランプ、馬車の車輪、T型フォード、なんでもそうである。このことはきわめて高い知的水準で適用される。

鉄道と工業の機械世界が新しいものであったとき、それは古い農業的世界のまわりをめぐって、それを詩に変えた。農業世界全体がロマン主義の運動の世界となり、大いなる遺産の世界となったのである。一方で新しい機械の世界は極悪非道のものとして忌み嫌われていたのである。

エレクトロニクス回路が登場すると、それは機械的世界をとりまいて、機械的世界を芸術形式に変えた。すなわち抽象的・非具象的芸術である。いつでも新しい環境が現われると、それは堕落であり、極悪非道のものであると非難され、それまで堕落であり極悪非道とされてきていた古い環境の方が芸術になるのである。

テレビが芸術形式になるのはいつのことだろうか。テレビは今はまだ環境的である。もちろん、テレビのまわりにはまだなにもないのだから、テレビは芸術形式ではない。いずれはテレビが芸術形式になり、すべての人がそれを認め、テレビが大芸術メディアであることに気がつくときがくるのである。

急速に東洋化する西洋世界

西洋世界は結合的で画一的な空間によって視覚的に自らを組織している。これと対照的に、東洋世界はすべてのものを結合によってではなくて空間によって、音と対象との間の距離によって組織するのである。

先日私は、日本人の顧客と商談するアメリカのビジネスマンの心得というものを読んだ。日本人との商談の席についたら、あなたのビジネスを単純な文章で述べて、あとは黙っていなさい。三五分、四五分くらいは経過するだろう。なにもいってはいけない。その沈黙の一刻一刻があなたのために作用しているのである。あなたの相手は心の中で、あなたの課題、あなたの能力、あなたのやり方を考えているのである。彼は、この内面での黙考から莫大な満足を得るのである。もしあなたが、あなたの課題となにか他のものを結びつけようとしたら、それはすべてをぶちこわすことになるだろう。東洋的なものは、結合によってではなく、間《ま》によって作用するのであり、だからこそわれわれは東洋人がわからないと考えるのである。

われわれは起こりつつあるものを視覚化することができない。そしてわれわれが今日生きているエレクトロニクス的世界においては、すべての物事が結合によるよりはむしろ同時的な小さな間《ま》によって生起しつつあるのである。われわれは最大速力で自らを東洋化しつつあるのである。西洋世界は、東洋世界が西に向かうよりもはるかに急速に東に向かっているのである。

このことが生み出している混乱は、かつてのヒエロニムス・ボッシュのことを思い起こさせる。われわれは東洋世界がわれわれの一九世紀的テクノロジーのいくつか——トラクターなどなど——を獲得しつつあることをみな知っている。しかし、われわれがなぜ東に向かっているかについてはよくわかっていないのである。

われわれが自分たちの東洋への流れを知覚することができないのは、それがあまりにも環境的であるために目に見えないからなのである。われわれは東洋世界の西への流れを見ることはできるのであり、それを見てわれわれは大喜びする気にはならない。われわれは彼らはライバルにちがいないと考え、だから、ライバルとして取り扱わなくてはならないとする——つまり、やっつけてしまえ、と考える。

しかし、われわれ自身としては、この自分たちの東洋化という特殊な病気だかディステンパーだかにどう対処してよいかわからないのである。これは『不思議の国のアリス』のようなものである。アリスがいるのは視覚的価値がなんら存在しない世界であり、彼女は結合関係とか、基本原則とかいったものは聞いたこともないのである。

エドワード・T・ホールはすばらしい彼の著書『かくされた次元《ヒドウン・ディメンション》』においてこうした世界を検討している。ホールは社会生活や娯楽において人を結びつけている空間を問題にしているのである。彼はさまざまの文化の人びとが会話において用いている相手との距離を調べるために数年を費やした。

たとえば、北アメリカでは夫が妻の目の色を知ることがきわめて困難になるような空間が会話の中では用いられている。突然に「あなたの奥さんの目の色は」と聞かれると、「わからない」とほとんどの人はいうだろう。このことが空間と関係をもっているのである。ホールは次のようなことを記している。つまりアラブ諸国では、会話に用いられる空間は八インチ〔約二〇センチメートル〕以内の空間である。というのも、彼らが人と話をしていて気楽であると感じたり、友好的に感じたりするためには、その相手の人のにおいがかげるという条件が必要なのである。話相手のにおいがかげないと、彼らは直ちに敵意を感じるのである。

ホールは次のような例をあげている。

「シカゴのあるホテルのロビーで友人がエレベーターで降りてくるのを待っていたときのことだが、私は突然見知らぬ人がそばにいるのに気がついた。この人物は私に自分を押しつけるようにするので、なにか人を圧迫するような、がさつな、不快な人物のように感じた。私はこの人物を無視して平然としていようと決めた。すると突然、彼は友人たちのグループに加わった。私は彼らはアラブ人だったことに気がついてホッとした。

アラブの国では、座っている人、じっとしている人は攻撃の好目標である。仕留めるべき目標である。ところが自動車に乗っていたり、歩いていたりして動いている人はきわめて神聖なものであって侵すべからざるものである。動いているものにはあえて手を触れないのである」

アメリカでは、人がじっと座っていたら、それはその人が自分のことに没頭していることであり、侵すべからざる存在と見られる。だれもじゃまをしてはいけないということになるのである。

黙想的なテレビ

あらゆる新しいメディアは、われわれの空間の方向づけの感覚に変化をもたらす。テレビ登場以来、子供たちは書物の中に入ってしまった。今日、子供たちは五インチ〔約一三センチメートル〕しか本との間に距離をおかないのである。彼らは本の内側に入り込もうとするのである。テレビは子供たちがお互いに対してもつ空間的方向づけや、自分たちのまわりの世界に対してもつ空間的方向づけの全面的感覚を変えたのである。

「あなたの本当のお仕事はなんですか」とテレビ会社に質問するとすれば、その答えは次のようでなくてはならないだろう――「われわれの仕事は、北アメリカの人びとの感覚を再編成し、ものの見方、体験を全体的に変えることである」。

このことは番組とは関係ない。これはメディアそのものに全面的に関係することなのである。たとえば、テレビはメディアとしては映画の全面的なアンチテーゼである。映画の場合、われわれは座ってスクリーンを眺める。われわれがカメラの目なのである。テレビではわれわれがスクリーンなのである。そこでは東洋の絵画におけるように、われわれが消失点（バニシング・ポイント）なのである。絵がわれわれの内側に入ってくるのである。映画ではわれわれが外に出て世界に向かうのである。テレビではわれわれはわれわれの内側に行くのである。

テレビによる経験の形式はきわめて深い無意識的な内省のごとき性質をもつものであり、黙想的で東洋的なのである。テレビっ子というのは、深奥なところまで東洋化した人間なのである。彼は目標《ゴール》というものをこの世で追求すべき目的《オブジェクト》とは考えない。彼は役割《ロール》は受け入れるが、目標《ゴール》は受け入れないのである。彼は内側に向かっているのである。これほど大きな革命が、これほど短い間に生じたことは、西欧、いや、あらゆる社会において、いまだかつてなかったことである。

感受性と経験のこの深奥における革命は、なんらの警告なしにやってきた。だいたいこのような革命が起こっていること自体、人は気がつかないでいる。この革命はあらゆる種類の不安、動揺、疑問を生み出しているが、なんら理解はされていないのである。テレビの映像の前に座っている人は、こうした小斑点でおおわれている。そこで発する光は彼に襲いかかり、彼の内側に入り込み、彼を包んでしまうので、彼は「ハエの王様」になる。

経験の視覚的構成で脱部族化

これと対照的なことを考えてみよう。昔はどうだったのか。かつてギリシャの世界では西洋人はいまだに部族的で、ホメロスとヘシオドスの詩の世界に、もっぱら耳に依存して生きていた。

このことに関してはよい本がある。エリック・ハブロックは『プラトン序説』の中に、耳の世界から目の世界へのこの転移を描いている。彼はトロントのビクトリア・カレッジで教えていたとき、ハロルド・イニスを知り、口頭の文化と書かれた文化というこのアイディアを得たのである。ハブロックはいまはエール大学の古典学の主任教授であるが、この問題について本を書いた最初の古典学者だと私は思っている。

プラトン以前、書字法以前には人はどのようにして経験の組織化を行なっていたか、なぜプラトンはあのような特殊なやり方で、ホメロス的な知恵の代わりに、分類した知識と観念の方向に突如として飛び立ったのか、そうしたテーマがこの本で扱われている。

これに関係する現代の現象は、あらゆる社会において、表音アルファベットのなかで起こりつつある脱部族化である。人間を脱部族化するには、彼らの経験の視覚的構成要素を強めて新しい強度を与え、聴覚的構成要素を弱めればよい。そうすれば彼らは脱部族化して、断片化された人間になる。オーウェン・バーフィールドは『体面をつくろって《セービング・ジ・アピアランシズ》』という本の中で、文字文化というものが、距離をおいてものを見ることを可能にする性質――客観性――をもつところから、近代の文明人が誕生したことを描いている。

アルファベット以前には、普通の社会はその体験の中に深くひたっていたのであり、今日いうような客観性はそこには存在していなかった。聴覚的人間は常に深く関わる《インボルブド》のであり、距離《デタッチト》をおくことはない。彼は客観性をもたないのである。

われわれのもっている多くの感覚の中で、距離をおく見方、関与しないでいる態度、客観性を与えてくれる感覚は視覚だけである。触覚は深く関与的である。運動感覚、味覚、聴覚もそうである。こうした感覚のすべてがエレクトロニクスのテクノロジーによってわれわれに回復されたのである。人はふたたびあらゆる人と深く関わり合うようになりつつあるのである。

かつてエディプス〔ギリシャ悲劇に登場するオイディプス王〕は、テーベの人びとにあらゆる不幸をもたらした凶悪事件の犯人を求めて、部族社会をめぐったとき、彼は深い意味で「ジェームズ・ボンド」的調査を行なったのであるが、そこで彼は「自分」が犯人であったことをすぐに見出した。

これをみてもわかるように、全面的に深く相関連した社会のもつ一つの特徴は、すべての人が全面的に責任がある、ということなのである。エレクトロニクス的世界にあっては、多くのものが相関連するのであるから、人は自分だけ責任をのがれているわけにはいかない。あらゆるものが同時に、同じテクノロジーによって生起するために、すべての人はものごとのあらゆる側面に深く関わりをもつことになるのである。

エレクトロニクス的世界のルール

トルーマン・カポーティは『冷血』の中に、あらゆる人が殺人犯であり、著者自身ものがれられないという深い相互関与の世界を描いている。真に一人の殺人犯がいるとするなら、それは著者、あるいは読者のいずれかである。それはだれにもわからない。「やったのはあいつだ、私は見た。つかまえろ。こらしめてやれ」とはだれもいえない。

エレクトロニクスによる情報流通の条件下では、「やったのはあいつだ」とはいえない。これは一九世紀的な古い分類と断片化の条件下ではありえたことである。人は犯人をつかまえて罰することができた。しかし、あらゆるものが同時に生起するエレクトロニクス的世界においては、それは実際上、不可能になるのである。

それはちょっとばかりダンス・フロアの変化に似ている。かつて人びとはフォックス・トロットやワルツをやって一つの空間のまわりで踊っていた。新しいダンス・フロアではこうはいかない。空間が変わったのである。フルーグやワトゥシといったダンスをやっている人に、次に一緒に踊ってくださいと頼むことは不可能なのである。踊っている人たちは自分自身の空間、自分だけの世界をつくっているのだ。その世界を他のだれとも分かたない。これが新しいエレクトロニックな空間なのである。

子供はこれを直覚的に理解するので、自分だけの身ぶりで踊る。このこと自体、必ずしも悪いことではない。ともかく、われわれが知っていることとまったく違うということなのである。それは非西欧的である。非文明的なものである。非ヒューマニズム的なものである。しかしそれは妥当性をもつ。

エレクトロニクス的世界はそれ自身の基本ルールをもっているのであり、その世界はわれわれの——われわれ自身がつくり出したテクノロジーの世界なのである。こうした新しい環境をつくり出すテクノロジーというものはすべて、われわれがつくるものなのである。

「パブリック」と「マス」の違い

さてここで「パブリック」と「マス」の違いを考えてみよう。今日われわれは始終「マス」という言葉を耳にする。「パブリック」との違いはフォックス・トロットの空間とフルーグ・ダンスの空間の違いに似ている。あらゆる人が小さな視点（ポイント・オブ・ビュー）をもち、自分だけのプライベートな空間の小さな断片をもっている世界が「パブリック」である。

「マス」ではすべての他の人に関わりをもち、そこには断片化も視点もなくなる。「マス」

は量ではなくてスピードの要因である。これは文字の意味からも技術的にいっても正しい。「マス」はスピードと、同じものを読み、同じことを同じときにするあらゆる人びとによってつくり出される。これはあらゆる物質、あるいは粒子は、光のスピードで無限の「マス」を獲得しうるというアインシュタインの考えに似ている。

どんなささやかなニュースもエレクトロニクスによるスピードで無限の潜在力をもつことになる。どんなものでもエレクトロニクスで可能になったスピードによって重大なものとなるのである。「マス・オーディエンス」というのは、あらゆる人が経験をともにし、ともに参加し合って、だれもプライベートな個人的性格をもたない状況にあるオーディエンス〔聴衆〕である。

だからこそ今日、精神分析医の病院の診断用の椅子は、「私はだれなのか、教えてください」と尋ねる人びとの重みにうめいているのである。個人的な自己同一性《アイデンティティ》は感じられない。電子のスピードによって人はプライベートなアイデンティティをもたないようになるのである。これは良いことか、悪いことか、といった質問をすべきではない。これはエレクトロニクスで獲得されたスピードが必然的に果たす働きなのである。それに私は、われわれが途方に暮れなくてはならないとも思わない。われわれは決心さえすれば、やれることがあるのである。

「ザ・パブリック」というもの、あるいはモンテーニュが呼んだところの「ラ・ピュブリーク」というものは、一六世紀、印刷術の登場によって成立した。それは中世期には存在しなかったし、また今日も存在しない。エレクトロニクス的条件の下では、「公衆《パブリック》」は存在しないのである。存在するのはあらゆる人が相互に深く関与し合う「マス」なのである。

全面的に相互に関与し合い、形而上学的に統合された全体という性格をもつ「マス」の真っ只中にあって、人はどのように身を処すことになるのであろうか。この問題をだれも考えていない。私自身としては、このことを嘆いてみたり、喜んでみたりしても、どうにもならないと思う。これは現実に生起していることがらなのである。それは一つの「ハプニング」である。多くの人びとは、この状況を他の状況に、世界のどこかの状況、いつかの時代に比べて、満足したり不満だったりするだろうが、私はそういうことには根拠がありえないと思っている。

モンテーニュは「公衆《ピュブリーク》」を発見した最初の人だが、彼はまた自己表現を発見した最初の人であった。『エッセイ』の中で彼はこういっている——「私は公衆に私自身の完全なポートレートを負うている」。「パブリック」が成立すると、著者《オーサー》というものが成立する。著者が存在しないうちは、「パブリック」は存在しない。両者は相互依存関係にある。したがってモンテーニュが「ピュブリーク」を発見したとき、彼は同時に自己表現を発見したのである。

今日、「パブリック」が存在しない以上、自己表現は意味を失う。存在するのは「マス」だけである。自己表現に芸術的な重要性を賦与する人は、一六世紀あるいは一九世紀において発言しているのであり、現代について発言している人ではない。エリート芸術対マス・アートという批判的論議は、そこで問題になるべきテクノロジーを無視しているので、現実と関わらない議論となる。

テレビと芸術の関係

広告はきわめて芸術的な形式とみなしうる。しかしそれはプライベートな自己表現ではないのである。新聞はきわめて重要な表現形式であるが、自己表現ではない。新聞から日付けを取り去ってしまうと、その記事はエキゾチックですばらしいシュールレアリスムの詩となる。

今日すでに古くさいものになってしまったエリート芸術という古い観念では、芸術は価値の、自己表現と自己発見の、個人経験の大いなる瞬間の倉庫であり、地域社会あるいは特権階級の利用のための血液銀行であった。今日の芸術の観念では、芸術は発見と知覚の道具である。真の芸術、価値ある芸術は人びとの知覚の手段となるのである。

フローベールはいった――「スタイル、それはものの見方である」。それは自己表現の形式ではないのである。コンラッドは彼の全生涯の仕事についてこういった――「それはなによりも読者がいずれ見るものである……だからこそ書いたのである」。それは知覚の技術である。芸術は消費物品ではない。それは一九世紀とは違ってパッケージ商品ではないのである。芸術は今日では、世界を見る見方、知る方法、経験する手段、宇宙を探求する方法なのである――まさに科学そのもののように。

芸術と科学の区分は一八五〇年、セザンヌの登場によって終わった。芸術はセザンヌ、ボワロー、フローベールによって、科学と同様に、世界を探求するテクニックとなったのである。

それでは、新しいメディアであるテレビと芸術との関係はどうなるのか。テレビのような形式との関連でいって、芸術の将来はどうなるのか。ここで思い出しておいてほしいのは、印刷術と印刷された言葉の登場によって、公衆《パブリック》というものがはじめて成立したことである。印刷術はきわめて強力なテクニックであったために、公衆を成立させた。手書きの写本は公衆、読者公衆、商品市場を生み出すことはできなかったのである。画一的に生産される反復可能な印刷物が登場してはじめて、決まった値段のついた商品が生まれたのである。それまでは値段がつけられた画一的なものは、金貨とか青銅貨とかのほかにはつくられなかったのである。印刷本の登場によって市場が成立し、公衆が生まれた。テレビはこの両者を一緒にしたのである。

新しいメディア登場の波紋

発展途上の諸国が市場を形成し、われわれの生活様式を模倣するのがきわめて困難だというのは別に不思議ではない。インドネシアやインドは、われわれがもっているような文字文化と画一性の永い歴史を経過することなしには、価格制度を確立することは不可能であろう。われわれのもっているような型の画一性なしには、われわれは「これは三九セントです」といえないのである。

インド人やアラブ人に、「これはいくらいくらです、定価です」といっても、彼らは、自分たちの演劇的能力への挑戦だ、というようにしか考えない。また、「だが、これは値段であり、あなたがあなたの能力を劇的に表現したいという欲求とは無関係である」と彼らにいえば、彼らは泥棒に襲われて、面目を失わされたかのように考えるだろう。

われわれの価格制度は多くの国々の面目を失わしめたのである。それは彼らの生き方を奪い、貧困化したのである。彼らが共産主義《コミュニズム》に向かうのを責めるべきではない。画一的な生産に向かって走っている人間にとってＰＸの店が唯一の出口であるように、コミュニズムは彼らにとっての出口なのである。後進諸国がコミュニズムに向かうのは、それを理想とするからではなくて、機械化の唯一の可能な手段と考えるからである。

ここで考えておくべきことは、新しいテクノロジーが古い社会に導入されると、その社会はそれ自身がもっていた古いテクノロジーを理想化する傾向があるということである。たとえば、ロシアが西欧の機械的世界に入ってきたとき、そのことは彼らの原始志向の熱狂的な理想化という後退現象を生み出した。だから中国はその国境内において突如として古代中国を理想化し、あらゆる西欧的形式を追い出す大規模な理想主義運動をまき起こすことになるのである。これは避けることのできない、ことの成り行きなのである。われわれ自身そのことを繰り返してきたのであり、新しいテクノロジーを導入する国は、つねに古いテクノロジーから理想をつくり上げたのである。

ローマ人はギリシャを理想化し、ギリシャ人は自然発生的なバーバリズムの理想をもっていた。中国人はローマ人を理想化した。ルネッサンスは中国を理想化した――『ドン・キホーテ』を見るがよい。そして一八世紀はルネッサンスを理想化した。われわれは一九世紀を理想化する。それがわれわれのイメージである――「ボナンザ」を見るがよい。

私のいまひとつの仮説を提出しておこう。「バットマン」は一五歳の経験世界へのノスタルジアである。そのノスタルジアはカラーテレビによってつくり出される。カラーテレビは古い環境へのノスタルジアをつくり出す一つの新しい環境である。その古い環境とは漫画本である。北アメリカで最初に漫画本が出た年は一九三五年である。だからわれわれは、カラーテレビがささやかなノスタルジアを経験させてくれていることに感謝しなければならない。

テレビが世界各地に与える影響

カラーテレビはまた古い白黒テレビの世界に入ってきた新しいテクノロジーでもある。カラーテレビはわれわれの世界に新しい経験をつくり出したのであり、北アメリカの人びとの全感覚領域に変化をもたらすことになるだろう。カラーテレビは、色が人間に対してもっている多くの効果を生み出すことだろう。たとえば、カラーテレビによって人びとはからい香辛料を使った食事を好むようになるだろう。カラーテレビはい、く、つ、か、の感覚ではなくて、すべての感覚に影響を及ぼす世界である。それは単なる視覚形式ではないのである。それは聴覚とともにわれわれの味覚をも、ものの見方をも変えるだろう。

いったん新しいテクノロジーの構成要素を理解すれば、ある特定の文化においてそのテクノロジーがもたらす結果というものを指摘することは容易である。たとえば、インドにおいてカラーテレビがもつ効果は、北アメリカにおけるカラーテレビの効果とはまったく違うものである。ラジオについても同様である。アルジェリアへのラジオの導入は、イギリスへのラジオの導入とはまったく違う効果をもつ。高度に文字文化的な文化の中で聴覚が新しい強度を獲得することになるのがイギリスであり、ほとんど全面的に聴覚的な文化の中で聴覚が新しい強度を獲得することになるのが北アフリカなのである。フランスとアメリカとではテレビの効果がまったく異なる。テレビはフランスをアメリカ化した。テレビはわれわれをヨーロッパ化した。テレビはわれわれの視覚的生活と価値の地位を、そして政治的にもわれわれを、ほとんど死後硬直《リゴル・モルティス》の状態にまで冷却した。他方、テレビはわれわれほど視覚的ではないフランス人の感覚温度を高めた。

ところでフランスのテレビの走査線は、われわれのものが五二五本であるのに対して六二五本である。もしわれわれが六二五本の走査線を使うことになれば、われわれのかかえている下らない教育上の問題の解決が簡単になるだろう。テレビの視覚映像の精細度が上がれば、子供たちが実際に生活しているエレクトロニクス的世界と教室との間の断絶の橋渡しとなり、問題解決がより容易になるだろう。仮説としてこれは提出しておこう。しかし、そのことが確実であるといえる多くの理由があるのである。

再び狩人の時代に

われわれのエレクトロニクス的環境についてもう一つ基礎的事実をあげておきたい。それはこの環境が狩人の世界のように全面的《トータル》な環境だということである。

人間は一万年、あるいはそれ以上の昔に、新石器時代、あるいは各人が専門化した定住時代に入った。人間は座って、専門化し、カゴをつくり、壺をつくり、穀物を育て、動物を飼うようになった。それ以前の長い時代には、人間は狩猟の民だった。エレクトロニクス・テクノロジーのおかげで人間は再び狩人になるのである。そこからジェームズ・ボンドが生まれ、探偵が生まれ、犯罪が生じる。このプログラムの世界において犯罪は、いままで述べてきたようなテレビとは関係ない。犯罪が関係あるのは、全世界がエレクトロニクスによって、情報、データの狩猟の対象になっているという事実である。

現代の人間は狩人であり、探偵や犯罪は人間が古代の姿を回復しようとする自然な様式《モダリティ》なのである。スペシャリスト的人間、分類する人間は、エレクトロニクス的世界には不向きな人間である。エレクトロニクス的世界はすべての境界、すべての区画、すべての分類をとり除く。だからこそ実存主義者たちは、現代に人格をもつことがいかに困難であるかを見出しているのである。

感覚プロフィールの調査

エレクトロニクス的にいえば、人はプライベートな人格をもつことは不可能である。プライベートな人格は、データ分類の古いテクノロジーに属している。たとえば、「私はハンガリー人です。私は歯医者で三五歳です。子供は三人います。それが私です」。これはエレクトロニクス的状況にあっては、だれでもないということになるのである。

この新しい環境にあって人は自分をどう方向づければよいのか迷っている。新しい環境が新しい基本ルールをもっていることについて、だれも教えてくれないからである。基本ルールというものはいつでも目に見えないものだが。こうして狩人の世界が現代となる。

一九世紀の世界は農耕民の世界である。われわれのような世界では、感覚環境のプログラミングが人間の普通の活動になるのである。

私が所長をしている「文化とテクノロジー研究所」では、ここ三、四年トロントの全住民の「感覚プロフィール」調査をプロジェクトとして行なっている。われわれはもっとも一般的に承認された、断片的、量的な社会科学の手続きに従って、トロント全住民の感覚嗜好のプロフィールを見出す方法を考えた。被験者の学習速度の調査によって、われわれは同じパターンのうちに視覚的パターン、聴覚的パターン、触覚的パターン、運動感覚的パターンを認識する時間がどのように違っているかを調査した。

こうしてすべての感覚の状態のインデックスをコンピューターにかけて、人びとの全体としての感覚プロフィールと過去三〇年間のその変化を跡づけることができた。したがっていまやわれわれは、テレビが導入されたとき、トロントの住民の感覚生活になにが起こったかを正確にいうことができるのである。

私はこのような調査研究は、あらゆる分野の政策決定者にとって重要だと確信するので、世界の多くの地域でこの種の調査を行ないたいと考えている。われわれはギリシャにテレビが導入される前後の時期にこうしたことをやりたいと思っている。われわれはまた、テレビ以外の形式が、他の国々の人びとの感覚生活に及ぼす影響についても調査したいと思っている。

人びとの感覚プロフィールを知り、彼らが視覚面に、あるいは聴覚面にどれだけの強度を賦与しているかを知れば、それは彼らの全感覚領域のうちのパーセンテージとしてみることができる。そうすれば娯楽であれ、衣服であれ、色彩であれ、食物であれ、正しくプログラムをつくることが可能となるのである。充足されなければならないのはなにかということが正しくわかるのである。

これ自身は善でも悪でもないが、これに脅威をいだく人もいるだろう。「だれが決定するのか」と尋ねたくなる人もいるだろう。しかし、この反応は断片化と専門分化主義の古いテクノロジーに基盤をおいているものである。

感覚生活のプログラム再編

このような知識が可能になれば、人は自動的に新しい責任を負うようになる。新しいテクノロジーは新しい役割《ロール》と新しい責任をつくり出すのである。人びとはまさに子供たちがやっているように、そうした新しい役割と責任を引き受けていくのである。

ジャック・エラルは『プロパガンダ』と題するすばらしい本の中で次のようなことをいっ

ている。

全人類の歴史の中で、二〇世紀の子供ほど一生懸命に働いている子供はいない。なにをしているかといえばデータ処理である。今日、子供たちの環境にあふれている情報の量は驚異的なものである。今日ほど大量の情報を毎日処理しなければならない人間はいまだかつて存在しなかったのである。今日、一人一人の子供がデータ処理を迫られているその量は、いかなる人間の標準からいっても大きすぎるのである。

ではどうするか。子供たちは近道を見つける。子供たちは現実というものを構造的につかむことにおいて神話的《ミシック》となる。データを分類する代わりに、神話をつくるのである。過重負担に対処するには、それが唯一の可能な方法なのである。

IBMの人びとがはじめて、「自分たちの仕事は本当のところなにか」ということを自問した。彼らは自分たちのやっていることを検討して、まず否定的な回答を出してみた。「ともかくわれわれの仕事は事務機械を製造することではない。それはわれわれのやっていることではない」。さらに検討を重ねたのち、この結論に到達した。「われわれのやっていることはデータ処理である。それは手段のいかんを問わないものである。それこそわれわれのビジネスである」。そのとき以来、IBMは急速に発展した。彼らは自分たちがもっている個々のテクノロジーに思いわずらうことがなくなったのである。データ処理ということは永久不変のことであり、どんなテクノロジーが使われるかは問題にならない――そろばん勘定でも頭数勘定でもいいのだ――、彼らはそのことをいまや知っているのである。彼らはそれにいま一つ加えている。「われわれのビジネスはパターン認識の仕事である」

それが彼らの好むいい方であり、たしかにそれこそ彼らのビジネスであると私も思う。エレクトロニクスの社会の仕事はパターン認識である。

さて、教育とか訓練とか、普通の活動について、教師や市民に尋ねてみたらどうなるだろうか。「あなたのビジネスはなんですか」「教育です。若い人たちの教育です」といった答えが返ってくるだろう。それは間違いである。教えるというビジネスは、生活の時間を節約してやることであって、指導《インストラクト》することではない。人は時間さえあればなんでも学習することができる。医者とても同じである。医者の仕事、あるいは病院の仕事は、人を治療することではない。その仕事は、自分で治すよりもはるかに速やかに治るようにしてやることである。つまり患者の時間を節約してやることである。自分の仕事がなんであるかがわかると、頭の痛い問題も混乱もずっと減るものである。新しいテクノロジーというものはすべての人との感覚生活を完全に変えるものだ、ということを認識すれば、多くのわれわれの仕事は人びとの感覚生活のプログラムを再編することだということがわかるはずである。そしてこれがわかれば、そこから新しい責任が出てくるのである。

セーフティ・カーの革命

アメリカの西海岸地方《ウエストコースト》に行くと私は、私にとって奇妙な生活パターンというか、個人の生き方に出会って驚くことがある。そんなときに私は自分にこういって説明づける――「これは一九世紀を経験しなかった世界の一部なのだ」。重工業等、高度に専門分化した大工業都市時代というものがそこにはなかったのである。したがって西海岸地方の人びとは、一八世紀から二〇世紀へ、一九世紀を飛び越えてきたのだともいえるだろう。これは大きな利点である。一九世紀は断片化と分類を最高度にすすめた時期である。一八世紀から二〇世紀に飛び越える人びとは、一九世紀を通過した人びとよりも、想像力においてもしなやかさにおいても感受性においてもすぐれているのである。

一九世紀は人びとを小さな粒に粉砕した製粉所である。しかしそれは西海岸にはない多くの価値――プライバシー、個別分離性、きちんとまとまった性質、およそ視覚的なあらゆる秩序――をつくり出した。カリフォルニアのさまざまな部分がつくり出している環境は、一八世紀の想像性ゆたかな生活への賛辞であることに人は気がつくだろう。一九世紀の精神をもった人間であれば、環境が自然の状態のままにされているのにはがまんできないはずである。一九世紀の人間ならば、木々を整理してしまうところである。そして地勢を平板化してしまうところである。そこに蒸気エンジンのローラーをもってきて整地することだろう。それが一九世紀なのである——鉄の馬の世紀である。

セーフティ・カー（安全自動車）は、アメリカの新しいムードを示す驚くべき標識である。これは一つの時代の終わりである。セーフティ・カーを求めるとはつまり次のようにいうことである——「さあ、われわれは機械のやることにだけ興味をもっているのではありません、自動車が人間になにをするかを知りたいのです。人間に対する機械の効果を知りたいのです」。そしてそこで見出された効果が自動車の中に組み込まれる。それは安全ピンのようなものである。安全ピンは、自分をたたみ返して留めることによって成立する。セーフティ・カーも同じことである。環境の中に突き出るかわりにたたみ込んで留めるのである。セーフティ・カーは一つの革命である。われわれは今後も安全メディア、あるいは安全科学を求めていくことになるのであろうか。

テクノロジーの全面的な結婚

商業テレビの将来という問題は、広告も含めて多くのことの将来というテーマを提起する。私の研究所のある学生は先日、すでに広告の将来は現実に始まっていることを指摘した論文を持ってきた。今日、消費者は商品からではなく、広告から満足を得ているので、広告は商品のかわりとなりつつあるのである。これは事態のほんの始まりにすぎない。今後ますます人間生活の満足と意味は、生産された商品からではなくて、広告から得られるようになるだろう。

情報環境においては——電波が情報の環境をつくり出す。テレビも同様——サービス産業がハードウェアと物的商品に肩代わりするのである。サービス産業は広告のようにすべて情報的である。テレビ広告は将来、人びとに生産物を与え、生産物の効果を与える仕事のすべてをやるようになるので、極度に大きな仕事になるのである。広告は商品と、商品の理解、利用、満足に参加するものとなるだろう。したがって商業テレビの将来は、その中にあらゆる問題を含んだものとなる。けっしてそれを固定したものとして考えてはならない。それが次第に定着していくかのようなものとしてみていてはならない。広告が変わり、仕事が変わるように、テレビは全面的に変わるだろう。仕事というものは、反復的に特定の職業にしがみついていることではなくなり、学習と知識の獲得というものになるだろう。

たとえば、書物は電子写真複製《ゼログラフィー》技術の登場によって、印刷本とはまったく異なった性格をもつようになりつつある。ゼロックスの技術は、古い機械的過程に、電子回路を適用するものである。ゼロックスの技術の登場によって読者は出版人になり印刷人になり著者になったのである。学校教師はだれでもあれやこれやの書物からページを抜き取って、自分のクラスのための独自の教科書を出版することが可能なのである。出版社はこのことに気がついており、恐怖を覚えている。この電子回路は書物の全面的な革命を意味する——本はサービスとなる。本は画一的で反復的なパッケージではなく、個々の人間の必要に適合するサービスとなるのである。本の一冊一冊が芸術作品となり、個々人の生産物となるのである。

今ですらトロントでは、電子的情報サービス業者に電話をかけて、こういうことができる——「私はいまエジプトの算数を調べている。私はアラビア語とフランス語を少し知っている。これこれについても少しばかりの知識はもっている。最新の情報を送ってください」。すると業者は世界中の最新の雑誌出版物から選んでゼロックスで複製したページやカードを速やかに届けてくれる。それは学校向けのサービス企業なのである。このようにして画一的、反復的に生産されるパッケージとしての書物は、エレクトロニクス・テクノロジーの時代にはもはや重要なものとして存在しえないのである。かといって書物が消えてなくなるということを意味しているのではない。書物が社会の基盤となるルールを設定するものではなくなるということを意味しているのである。

これがテレビの将来である。安価な記録再生機が登場すれば、テレビの将来はレコードの将来に似たものとなるだろう。映画も同様である。テレビの将来はまたレーザー光線にも関係している。レーザー光線の利用により、一面のパネルではなくて、部屋の中ほどに多次元のイメージをつくり出すような技術にもそれは関係してくるのである。

商業テレビの将来という問題は、たしかに三〇、四〇の問題を含んでいる。商業自身が今日、情報を意味するようになっているのであり、問題領域は当然広がってくるからである。経営ということも情報サービスそのものである。それはサービス産業の一部である。政策決定は全面的に情報によっている。医学も同様である。われわれの世界の商業はますます情報のもつ抽象的性格を帯びてきている。商業テレビの将来は、あらゆるテクノロジーの全面的な結婚をもたらすことになるのである。

通信衛星の登場で地球は芸術形式に

さてここで私は、地球の将来について推測してみたいと思う。これはそう大変なことではない。人工衛星や電子的情報が地球のまわりをめぐっているとき、それがつくり出しているのは地球のまわりの「人間がつくった環境」であり、そこでは地球はもはや人間の住居ではなくなり、「人間がつくった環境」の内容《コンテンツ》になるのである。あらゆる環境というものが、新しい環境の内容となるときに生じた同じことが、いまや地球にも生じようとしているのである。つまり地球は一つの芸術形式《アートフォーム》になるであろう。地球の将来は古くなったロケット先端の円錐《ノーズ・コーン》である。ロケットの先端の円錐に入り込んだ二匹のネズミの話がある。一匹がこういう。「おい、お前はこんな仕事どう思うかい」。するともう一匹が答える。「ああ、まあガン研究よりはいいだろう」

芸術形式としての地球は、やがてウィリアムズバーグ風の処理をうけることになろう。かつては奇妙な、あるいは興味ある現象や人間の行為の場所であった地球のあらゆるすみずみが、忠実に、考古学的に、優しさをもって再現されることになるだろう。地球は芸術作品として取り扱われるようになる。そしてそこから人間の仕事が始まる。人びとは世界の他の場所から、宇宙の他の場所から、スティーブンスンがいうところのピルグリム・ファーザーズ上陸の地のプリマス岩を見物にやってくることになるだろう。そして地球は古いロケット先端に、古美術品に、古い芸術作品になるだろう。そしてそれがテレビへの回答なのである。

宇宙通信衛星の登場で、テレビは環境的なものであることを終えたのであり、これで内容となり、芸術形式となったのである。メディアが環境的なものとなる力をもっているかぎり、それは目に見えないのである。われわれが見るのは、古いテクノロジー、映画に属しているような性質である。

テレビが古いテクノロジーになったとき、われわれはテレビのすばらしい本質を真に理解し、ありがたく思うことだろう。

2部　コミュニケーションの新しい探求

1 新しい言語

エドマンド・カーペンター

新しい世界を導く者よ
汝のなすべき仕事の何と大きなことか
新たなるものを定め……
詩歌《うた》を、教会を、芸術を
つくりなおさねばならぬとは

W・ホイットマン

英語はマス・メディアである。あらゆる言語はマス・メディアである。映画、ラジオ、テレビの新しいマス・メディアも新しい言語である。ただ、その方法はまだわかっていない。それぞれのマス・メディアは現実をちがう風に組み立てる。それぞれが独自の形而上学を内に秘めている。

言語学者はいう。どんな言語でも、十分に単語なり映像を使えば、どんなことでもいうことができると。しかしそんな余裕がない。文化にとっては当然そのマス・メディアの特性を開拓しなければならないことになる。たとえば、書き言葉は話し言葉を記録したものではなかった。それは新しい言語であった。話し言葉がのちに模倣するようになった新しい言語であった。字を書くことによって分析的な思考形式が発達した。それは線的な性質（線性）に重きをおいたものであった。

文字による客観世界

話し言葉は大きながっちりしたかたまりによって構成され、包含的になる傾向があった。ちょうど、ねじれたこぶのようなもので、そこにはいろいろなイメージがばらばらにならないで融合し、一緒に並存していた。

書き言葉によるコミュニケーションは、時間の順序にしたがって並べられた短い単語によって構成された。主語は動詞から画然と分かれ、形容詞は名詞から分かれ、こうして行動する者は行動から、本質は形態から分離された。

文字を知らなかった時代の人びとはおずおずと、一時的に言葉に形をつけてみたのに——というのは、実際の状況ではそのような変わりやすい形は舌の先に一時的にしか残らなかったので——印刷された言葉は確固とし、恒久的で、永遠と接していた。印刷された言葉は後世のために真実に防腐剤を塗ってくれたわけである。

この防腐剤を塗ることによって、言葉は凍結され、曖昧な技術は排除され、駄じゃれは「最低のユーモア」とされ、言葉の結びつきはこわされた。言葉はそれが象徴するところのものに適用され、しかもそれとは分離した静的なシンボルになった。言葉はいまや客観的世界のものとなった。目に見えるものとなった。こうして現実体と意味が分かれてきた。カトリック儀式の聖体が犠牲の体〔イエス・キリストの身体〕そのものなのか、それを象徴するものなのか、といった論争が生まれるようになった。言葉は中立的なシンボルになった。もはや創造的プロセスに密着した一部分ではなくなった。

グーテンベルクがこのプロセスを完成した。手書き本は絵や色彩があり、シンボルと紙面の間に相関関係があったが、独りで黙って読む印刷物の白黒のページの画一的な形に道をゆずった。議論は表紙から裏表紙へと糸のように流れるものなので、本の形態は線的な表現をよしとした。主語から動詞へ、動詞から目的語へ、文から文へ、パラグラフからパラグラフへ、章から章へ、初めから終わりまで稠密に構成され、クライマックスに価値がおかれた。偉大な詩や戯曲は、そうではなく多面的な見方を残していた。しかし、たいていの本、とくに教科書、歴史書、自叙伝、小説が線的な性質のものとなった。事件は時系列にしたがって配置され、そこから原因と結果がはっきり表現されたと考えられた。実体ではなくて、関係が価値あるものとされた。著者は〝権威者〟となった。著者のデータはまじめなものとされたが、それは継起的に構成されたからである。そのようなデータは、継起的に並べられ印刷されると、価値と真実を伝えるとされた。別の方法で配置されると、疑わしいものとされた。

本の文化と新しい媒体

新聞の形式が本の文化に終止符を打った。新聞の形式は短くて不連続な記事を提供する。各記事は重要な事実を最初におき、しだいにどうでもよい細部の事実へと、しりすぼみになっていく。こうした細部を整理マンは削ってもよいし、削ることもよくある。記者は自分で記事の長さを決められないので、原稿を書くさいに、構成に重点をおくわけにいかない。少なくともクライマックスないし結論を最後にもっていく伝統的な線的感覚で書くわけにいかない。

すべてのことを見出しにいれなければならない。見出しから、どうでもよい細部へとピラミッドをおりていく。事実、記事よりも見出しがたくさんものをいっていることもしばしばである。ときには、大見出しだけあり、記事がついていないこともある。一面の記事の位置と大きさは、内容でなく興味の関心と重要性によって決められる。モスクワ、サラワク（カリマンタン島北西部にあるマレーシアの一州）、ロンドン、イティピックなどからの互いに無関係の報道が並存している。時間と空間は別々の観念として破壊され、単一の「ゲシュタルト」（部分の総和を超えたまとまり）として〝ここ〟に〝いま〟提示される。

地下鉄で新聞を読む人は一面のあらゆるものをあさり、それから二面をめくって、どうでもよい記事に移っていく。トロントの新聞の一面の大見出しに「タウンゼント、王女と結婚へ」と出ていた。第二の見出しは「性犯罪でないかもしれぬ。フェビアンの言明」。これらは、新聞記事の各項目を別々なものとみるように条件づけられた目と心には注意されないで読まれていく。

このような形式は時系列ないし線性でなく、同時性を高める。一つの全体的情勢から抽出された各項目は、原因結果の連続にしたがって配置されず、なまの経験として全体として提示される。一面は宇宙的な「フィネガンズ・ウェイク」である。

新聞の無秩序性から読者は製作者の役割をもたされる。読者は自分でニュースを処理しなくてはならない。ともに新聞をつくり、つくることに協力しなければならない。新聞の形式は消費者の直接参加を要求する。

雑誌においては、筆者が記事の長さを自分で決められることが新聞より多く、伝統的なスタイルで記事を構成しようとすればそれはできるが、大多数の筆者はそうしない。現在では印刷されたシンポジウムのような提供のしかたが盛んになってきた。これは賛否両論、いろいろな意見の寄せ集めのようなものである。

雑誌の形式は全体として線性に反対である。雑誌の写真には時制（テンス）がない。ライフ誌を広げてみよう。対照的なものが並べてある。宇宙船と前史時代の怪物、フラマンの修道院と麻薬常習者。これが緊迫感と不安感をかもし出す。次のページは予想もつかない。テヘランの暴動、ハリウッドの結婚式、アイゼンハワー政権の脅威、二つ頭の子牛、ジョーンズビーチのパーティ、これらがみな広告の間にはさまれて、バタバタと出てくる。目は一ページを全体として受け取る（読者はそうでないというかもしれないが、広告の成功からみてそうだといえる）。そして一ページは、いや雑誌全体が、単一のゲシュタルトとなる。そこでは結びつきは論理的ではないが、人生そのものも多くはそうしたものだ。

他の新しい言語についても同じことがいえる。ラジオもテレビも、互いに無関係な短い番組を提供する。その途中や合間にCMがじゃまをする。「じゃまをする」といったが、これは私自身が時代遅れの本の文化に育ったからであって、私の子供はCMをじゃまとか、連続性をこわすものだとみていない。むしろCMを全体の一部分だとみなし、うるさいとか、どうでもよいといった反応は示さない。

理想的なニュース番組は世界の六カ所くらいから一人一項目ずつしゃべるやり方だろう。ロンドン特派員はすぐ前にワシントン特派員がしゃべったことについて論評しない。ワシントン特派員の言葉を聞きもしない、といったようにする。

子供がCMを中断だと考えないのは正しい。というのは、テレビの画面でにっこり笑うのはCMのときだけだからである。あとの生活はニュース番組でも昼間の連ドラ《ソープ・オペラ》でもどこか恐ろしくて、うまく生活を切り抜けるにはCMの商品を買うしかない。買ってから、人びとにっこり笑う。イソップにもこれほどはっきりした寓話はない。天国と地獄が一緒にもたらされる。地獄は見出しに、天国は広告に。片方がなければ、両方とも意味がない。

新しい諸言語のパターン

これらの新しい言語にはパターンがある。それは線でなくて、結び目のようなものである。線性とか因果性とか時間継起性といった、望ましいクライマックスにもっていくものはなにもない。それは前提も結末もなく、内部に周到に選ばれた各要素が並存し、ばらばらにならないで融合しているゴージャン・ノット〔ゴルディオスの結び目〕である。長く細い糸の線に、ほどくことのできない結び目である。

これはとくに広告についていえる。広告はけっして秩序正しく、継起的な、合理的な議論を提示せず、ただ好ましいものごとや態度に関連させて商品を提示するだけである。キャデラックに乗った金髪の美女がコカコーラを見せている。まわりを日に焼けた、たくましい崇拝者たちがかこむ。頭上には太陽が輝いている。この広告を繰り返すと、これらの諸要素は私たちの心のなかでつながり、十分に結合した一つのパターンができる。一つの要素が魔術を使ったように他の要素を呼び出す。

広告を単に売るためにつくったものとして考えると、その中心的な効果がわからない。それは商品を使う喜びを増すものである。コカコーラは単なる清涼飲料とはまるでちがったものである。消費者は特殊なものを飲む喜びを味わいたくて、うんと大きな経験に参加する。

アフリカでもメラネシアでも、コカコーラを飲むことはアメリカ的生活様式に参加することなのである。

新しい諸言語のうち、テレビはドラマと儀式にいちばん近い。テレビは音楽と美術、言葉とジェスチャー、修辞と色彩を結合する。テレビは視覚的、聴覚的イメージの同時性をよしとする。

テレビ・カメラは話し手でなく、聞き手ないし話の対象になっている人に焦点を合わせる。視聴者は、非難する人の声を「聞き」ながら、非難されている人の顔を「見守る」。単一の印象のなかで、視聴者は検事の声を聞き、都会のギャングのふるえる手を見守り、上院議員の顔にあらわれた道徳的怒りの表情を見る。これは進行中の真のドラマであり、結末はわからない。印刷物にはこれはできない。印刷物はちがった特性をもっている。

本と映画は不確かさをよそおっているだけだが、生のテレビは人生のこの重要な面をまだもっている。一九五二年の米民主党大会で火事が起きたところが、テレビの生中継に映り、短時間ではあったものの、大火災になるのではないかとはらはらさせられた。ニュース映画で見ると、これはどうなるかといった可能性をもたない歴史となってしまう。

他の媒体《メディア》の特性は別にあるので、他のメディアも適切に利用すれば、テレビのもつ進行性がないということはハンディキャップにはならない。それで、ハムレットが死ぬべき運命にあることははじめからわかっていても、興味はうせるどころか、それが悲劇感を高める。

さて、西欧文化では、とくにルネッサンス以後は、時間、空間の二元性が発達したが、その結果の一つとして、芸術内部における分離が起きた。時間にシンボルをつくった音楽と、空間にシンボルをつくった絵画芸術は別の仕事となり、一方に才能のある人は他を追求するようなことはめったになかった。内在的に二つを結合したダンスと儀式は人気がなくなった。演劇のなかで結合して残っただけである。

四つの新しいメディアのうち、もっとも新しい三つのメディア、そのうちでもとくにテレビが、言葉、音楽、美術、ダンスを結合していることは意義深い。

しかし三つのメディアとも、舞台ほど自由に時間を超越することはできない。舞台でなら、フラッシュ・バック、多次元の時間構成を使った複雑なプロットはわかるが、これはスクリーンではわけがわからなくなってしまう。見ている人は前のことを思い出したり、前の伏線とあとの発見とを関係づけるだけの時間的ゆとりがない。

画面は目の前をあまりにも速く過ぎ去る。起きた事件を貯蔵し、これから起きることを推理できる幕間がない。見ている人はより受動的状態におかれ、微妙なニュアンスに関心がもてない。

テレビ、映画ともに物語に近く、エピソードに依存するところが多い。複雑な時間構成は映画でもできるが、実際にはめったに行なわれない。リチャード三世の独白は舞台のものである。映画の観客はそれに対する心がまえがなかった。舞台ではオフィーリアの死は三つの別々のグループによって描写された。見物人は彼女の死の知らせを聞き、同時にその反響を見守る。映画では、カメラはそのまま溺れていく彼女を見せる。「柳の木が小川に斜めにかかっている」ところで。

各メディアがこのようにちがうことから、問題は単一の構想をいろいろちがったふうに伝えることではなくて、ある構想ないし見通しは独占とまではいかなくても主として一つのメディアのものであり、そのメディアによってもっともよく得られ、伝えられる、ということになる。

テレビと舞台の類似性とちがい

そこで本はどうかというと、本は進化とか進歩を論ずるのに理想的であった。進化進歩ともにほとんど絶対的に書籍文化のものであった。進歩の考えは、本のように、人間経験の信じられないほど複雑な記録を解釈し理解するうえで、それらを抽象し、組織する原理であった。

事件のシークェンスは一定の方向をもち、時間の軸にしたがって所定のコースをたどるものと信じられた。文明は（J・B・ベリーの言葉を借りると）読者の目のようなもので、〝望ましい方向に動いてきたし、動きつつあり、動いていくだろう。知識は向上し、その向上とともに理性と礼儀はますます人類間に広まっていくにちがいない〟と考えられた。

ここに本の線性の三つの主要要素が出てくる。線、この線の上を動く点、望ましい目標に向かうその動き――以上三つである。

現在における明白な瞬間とか、明白な瞬間としての現在とか、明確な一点とかいう西欧的考え方は、本が支配する言葉においてはきわめて重要であるが、私の知っているかぎりにおいては、これは話し言葉の世界にはない。話し言葉の社会にはまた、西欧的個人主義および三次元の遠近法のような活動的で支配的な考えもない。この二つも、この明確な瞬間という考え方と関係があり、おそらく本の文化によって育てられたものだろう。

それぞれのメディアはそれぞれのアイディアを選ぶ。テレビは、人びとがごちゃごちゃにつめこまれ、生きなければならない小ちゃな箱である。映画は広い世界を与えてくれる。巨大なスクリーンをもっているので、映画は社会的ドラマ、南北戦争のパノラマ、海や陸地の浸食、セシル・B・デミルのスペクタクル作品に完全に向いている。

これに反してテレビ・スクリーンは二人、せいぜい三人の顔をゆったり映すだけの空間しかない。テレビは舞台に近い。しかも舞台ともちがう。パディ・チャエフスキーは次のように書いている。

「舞台の観客はドラマの実際の動作からずっと離れたところにいる。人びとは演技者の沈黙の反応を見ることができない。進行していることを大きなセリフで教えてもらわなくてはならない。一つのシーンから次のシーンへのプロットの進行は、テレビでならやわらかく暗くするところを、舞台でははっきり区別しなければならない。そしてテレビでは、もっとも卑俗な、普通の関係を掘りさげていくことができる。ブルジョアの子供とその母親、中流の夫婦間、ホワイトカラーの父親とその秘書――要するに、こういった人びとの関係である。

われわれは信じられないほど複雑な形で互いに関係している。なぜその人が人殺しをやったかということより、なぜその人は結婚するかという理由に、比較にならぬほどエキサイティングなドラマがある。仕事がおもしろくない男、愛人を思う妻、テレビ出演を望む女、自分の父親、母親、兄弟、姉妹、親類、友人――みんな、イアーゴよりドラマに向いた主題である。

なにが人間を野心的にするのか。なぜ君の叔父さんは毎年熱心に同窓会に出席するか。なぜ姉が妹のボーイフレンドをとろうとするのか。なぜ君は父親のとこに行くのがいつも嫌だと思うのか。これらが、よいテレビドラマの材料である。感情的なねじれ、半ば形づくられたコンプレックスに深いさぐりをいれて調べれば調べるほど、作品はますますエキサイティングになる」

ギリシャ劇が映画よりもテレビに脚色しやすいのは、主としてこの点にあると思う。生のテレビの箱型の特性から、弾力性があってエネルギッシュで広々とした映画より、静的な文学的悲劇がずっと扱いやすいのだろう。

映画と舞台の決定的な差異

ガスリーが最近エディプス王の映画をつくったが、それはカメラを置いたままのカットよりパンをよく使っていた。タブローの連続、精妙で不自然な格好の連続からなりたっていた。その結果、人びとがぴったりくっつきあって一種のフォーメーションで動いているような印象だった。人びとは、まるで自動エレベーターの中で何日間も生活して訓練したかのようであった。「わしは町のために悲しむ。わし自身とお前たちのために……そして果てしない思いの道を歩いていく」の王のセリフとともに、冷厳な悲劇はその恐ろしい「真相を知る」クライマックスに達した。まるで、だれもがだれもの足を踏んづけたかのように。

生のテレビのきっちりして必然的な約束ごとは、〝アルミニウム・アワー〟の「アンチゴネー」を見ると、ソフォクレスにもっと向いたものだった。テレビはスタジオが狭くて動きがとれないため、ギリシャ劇と同じように空間に制限がある。物理的な制限に制約され、ディレクターはすばらしい工夫によって視聴者の想像力を拡大せざるをえなかった。

T・S・エリオットが「大寺院の殺人」を映画に脚色したとき、映画と演劇のリアリズムのちがいに気がついた。

「映画は、幻想《イリュージョン》がいれこまれたときでも、舞台にくらべははるかにリアルである。とくに歴史映画では、画面に出てくるセット、コスチューム、生活様式は正確でなければならない。ちょっとした時代錯誤もゆるされない。舞台ではもっと多くのことが見逃され、ゆるされる。それどころか、あまり正確に歴史的な細部をあらわそうとすると、かえってうるさくなり、混乱する。

舞台の演技を見るとき、見物人は俳優に直接ふれる。映画を見るとき、われわれはずっと受け身である。観客として、こちらから持ち出すところが少ない。われわれは、実際の事件ないし少なくとも実際の事件の写真シリーズを見ているとの、幻想にとらわれる。何者もこの幻想をこわしてはいけない。そこから細部についての精密な注意が必要になってくる」

舞台に二人の人間を登場させれば、劇作家は二人がそこにいる動機をはっきりさせなければいけない。舞台上に存在していることを説明しなくてはならない。

一方、カメラが街で一人の人間を追うとか、なにか別の対象物に転ずるとき、別に理由をあげる必要はない。カメラはなにを見ていようと、カメラの文法には動機を叙述する力がある。

劇場では、観客はいつも空間全体を見て、演じられているシーンを空間の全体として見る。舞台は大きな広間の一隅であっても、その一隅はシーンの間ずっと全体として見られる。そして観客はいつも固定した不変の距離から、また変わらない視角から見ている。パースペクティブはシーンからシーンで変わろうと、一つのシーンでは変わらない。距離はけっして変わらない。

ところが映画とテレビでは、距離とアングルはたえず変わる。同じシーンがいくつものパースペクティブと焦点で示される。観客は一つのシーンを、ここから、あちらから、そしてもっとこちらから見る。ついに観客はいやおうなしにシーンにひっぱりこまれ、その一部になる。観客でなくなる。

バラスは次のように書いている。

「われわれは座席にすわっているものの、そこからロミオとジュリエットを見ているのではない。ロミオの目でもってジュリエットの露台《テラス》をあおぎ、ジュリエットの目でもってロミオを見おろす。われわれの目とそれとともにわれわれの意識は映画の人物と一緒になり、人物の目から世界をながめ、自分自身の視角をもたない。われわれは主人公とともに群衆の間を歩き、馬に乗り、飛び、落ち、人物の一人が他の人物の目をのぞきこむとき、その人物はスクリーンからわれわれの目をのぞきこむ。

というのは、われわれの目はカメラにあり、登場人物の凝視と同一になるからである。登場人物はわれわれの目とともに見る。ここにアイデンティフィケーション（一体化）の心理的行動がある。この〝アイデンティフィケーション〟のようなものは他のいかなる芸術効果としてもかつて起きたことがなく、映画がその絶対的新しさを示すのは実にここにある。

……われわれはシーンの孤立した〝カット〟のなかに生命のほかならぬ原子とその深奥部の秘密が間近にあらわにされたのを見ることができるだけでなく、舞台公演とか絵画の表現にいつも起きるような、身近な秘密を失うことなく見ることができる。映画芸術の新しい表現手段があらわした新しいテーマは海を吹き荒れる台風でも火山の爆発でもなかった。それは人間の目のすみから静かにあふれでる孤独の涙かもしれない。

……しゃべらないことは、何もしゃべることがないことを意味しない。しゃべらない人は感情でいっぱいになっているのかもしれない。それはただ形態と映像によって、動作と表情の演技によってしか表現できない。視覚文化の人間はこれらを言葉の代用物ということなしで使う。ちょうど口がきけず耳の聞こえない人が指を使うように」

各メディアとオーディエンスの特性

視覚的人間が動作をするのは、言葉で表現できる観念を伝えようとするのでなく、いうことは全部いっても、なお表現できないで残っている内部経験、非理性的な感情を伝えようとするのである。このような感情はもっとも深い底にある。それは観念の単なる反映にすぎない言葉によっては近づくことができない。音楽の経験が合理的観念で表現できないのと同じことだ。顔の表情は言葉の仲介なしで、そのまま目に見える人間経験である。それはツルゲーネフのいう「人間の顔の生きた真実」である。

印刷物によって表情が読みにくいものにされた。紙から多くのことが読めるので、表情によって意味を伝える方法は開店休業になった。新聞は、もっと遠い人間の間の精神的交流が起きる大きな橋になった。身体が提供する、もっと微妙な表現手段はもはや必要でなくなった。顔は無表情になった。内部の生命は動かなくなった。水の涸れきった井戸からは、一滴の水も出てこない。

ラジオが話し言葉の抑揚を回復させたように、映画とテレビは動作と表情の意識の回復を助けている。これは言葉では適切に包みきれないムードと感情、できごとと性格、それに思想さえも伝える豊かな、色彩に富んだ言語である。もし映画があと一〇年サイレントであったならば、この変化はもっともっと急速だったことだろうに。

一つのメディアの作品を他のメディアで培養すると、新しい作品が生まれる。ハリウッドが小説を買うのは、小説にくっついているタイトルと評判を買うのである。それ以上ではない。それ以上であってもいけない。

「ケイン号の反乱」は本、演劇、映画、テレビにされたが、それぞれに別々の主人公ができた。すなわちウィリー・キース（原作の本）、グリーンウォルド弁護士（演劇）、アメリカ海軍（映画）、クイーグ艦長（テレビ）がそれぞれの主人公にされた。メディアと観衆の特性ははっきりしている。

すなわち本ではアメリカ人、キース海軍少尉の成長と形成を長々と細部にわたって叙述した。映画カメラは艦船、海上の色彩豊かなカットによって無意識にアメリカ海軍を主人公とした。海軍が映画会社に協力したこともあった。演劇では、舞台の制約のため、最終場面以外は法廷にクギづけされ、弁護士のグリーンウォルドを主人公にした。

大衆を対象とするテレビでは愛国心、権威、服従を強調した。もっと重要なことだが、配役は主要人物だけに減らされ、プロットは中心テーマにしぼられた。部下が、無能で人気のない上官に服従しないという真の道徳的問題が明確にされた。

これは本では細部の叙述のために見失われ、映画ではシーンのかげに見失われた。ニューヨーク公演の舞台では口腔ドリル会社西部営業支配人サムプソン氏の接待のためモラリティ劇となった。すなわちウィリー・キースは二つの影響力の間にはさまれた無邪気なアメリカ青年、キーファーは頭のよい作家だが道徳的には偏狭、グリーンウォルドは同じく頭がよくて信頼でき、ビジネスマンの尊重するインテリ。グリーンウォルドがウィリーの魂を救う。

映画の「モビー・ディック（白鯨）」は多くの点で原作よりすぐれている。主としてそれはわかりやすくなったからである。『モビー・ディック』は文句なしにデフォーの『ロビンソン・クルーソー』とか、カフカの『審判』のような偉大な古典で、時間と周知性によって原作から蒸溜すると、そのプロットと状況は文字による原作より実際にはるかに迫力が出てくる。「モビー・ディック」の偉大さは原作者メルビルの思いついたようなクジラ談義にあるのでなくて、エーハブ船長の挑戦のドラマにある。

映画では途中で散漫な横道にそれないで、クジラと捕鯨のきわめて生き生きした描写がアクションの一部分になった。また映画では観客はずっと船上にある。各シーンは捕鯨生活をインスタントにとらえている。この効果は本では幻想によって、たえず細部に言及することによってしかあげられない。

はじめから最後にいたるまで、映画の全アクションはもっとも中心的テーマの展開に尽くしている。それは人間を引き裂き、人間のつくった秩序を混乱におとしいれる野蛮で非合理な力をうち滅ぼそうとする男の、壮大な、不敵のプライドである。映画では自己意識のシンボリズムから離れて、余分な部分は削ったがっちりした迫力のあるドラマ化を行なった。

話し言葉と書き言葉のちがい

新しい諸メディアのそれぞれの役割についての現在の混乱は、主としてメディアの機能の誤解からきている。新しい諸メディアは芸術形式であって、人間接触の代用品ではない。これらのメディアが話し言葉と個人的な生活関係にとってかわろうとすれば、ものごとを損なう。もちろん、これが長年にわたり本の文化の問題の一つであった。少なくとも本の文化が西欧中流階級の思想を独占した時代はそうであった。

しかし、それはけっして本の正当な機能ではなかったし、他のメディアの機能でもない。一つのメディアが図々しく、その本来の場所ではない分野に入りこもうとすると、他のメディアとの間に対立が起きる。もっと正確にいうと、それぞれを支配している利益の間に対立が起きる。ところが、諸メディアがただそれぞれ自分の分野を開拓するなら、互いに助けあい、よりいっそう豊かになる。

そばにだれもいないと、猫に話しかける人がいる。隣りの部屋で聞いているとおかしい。猫は返事をしないからである。それでもこれは、世界は生きている人びとによってつくられているとの幻想をもたせるのに十分である。実際にはそうでないのに——。機械的なマス・メディアはこれを逆にする。いまや機械的な猫が人間に話しかける。そこには本当のフィードバックがない。

これは学者が新しいメディアについてよく非難するところだが、印刷メディアについても同様にいえる。口をあけ、目を輝かせてテレビを見ている人は、うなずきながら独り黙って受動的に本を読んだ読者のあとを引き継いだまでのことである。

本を読むということは、他の人が私たちのために考えてくれることである。私たちはその人の精神的プロセスを繰り返すにすぎない。考える作業のより大きな部分をやってもらう。自分でものを考えるのにふけってから、本をとりあげるとホッとするのはこのせいである。読書では、精神は他の人間のアイディアの運動場にすぎない。いつも車に乗っている人が歩くことを忘れるように、一生の大部分を読書に費やす人はえてして考える能力を失う。なかには本を読みすぎてバカになった人もいる。チャップリンは映画「街の灯」のなかで、これにすばらしい表現を与えた。イスの上に立って、延々とある紙テープをスパゲッティとまちがえて食いはじめる。

T・S・エリオットはいう。「知ってよかったという作家は、その作品がどうでもよい連中であることがよくある。個人的に知れば知るほど、彼らの書くものを読まねばならぬと感じなくなるものだ」

フランク・オコナーは話し言葉と書き言葉の伝統の根本的ちがいを次のようにうまく表現している。

「〝昔、あるとき、ネッド・サリバンという男がいてな。ある晩、夜遅くおかしなことが起きたんだよ。ダラスからバレー・ロードをやってきたら……〟。民話はこういう具合に始まるし、始まらなければならない。しかし印刷されるショート・ストーリーはこのように始めてはいけない。民話を小屋の炉端の暖かいねぐら、〝ほほっ！〟と感嘆する聴き手の感覚、真っ暗な戸外にひそんでいるものへの恐怖感、そういったものから引き離してしまうと、手応えのないものになってしまうからである」

顔つきあわせてしゃべる話は機械的メディアのように選択的でも抽象的でも明白でもない。それは機械的メディアのどれよりも省略抜きで情勢を伝えるのに近い。対話がダイナミックなギブ・アンド・テークを開拓するかぎり、それはもっとも不可欠の人間的なものである。

もちろん、他のメディアでも人間的な関与はある。一七四一年、リチャードスンの「パミラ」が連載されたとき、たいへんな人気を呼び、あるイギリスの町では、最終回が届いたとき、教会の鐘が美徳は報いられたと知らせた。

ラジオのソープ・オペラで女主人公が赤ちゃんを産むと、放送局には山のように産衣や揺りかごが送られてきたそうである。ソープ・オペラの熱心な聴取者はよく女主人公に会いに放送局を訪問したという。ＢＢＣとニューズ・クロニクル紙によると、男のアナウンサーにおやすみのキスをするため、テレビ・セットの前にかがむ女がいるそうである。

どのメディアも、特性を適切に開発するならば、現実ないし真実のユニークな面をあらわにし、コミュニケートする。どのメディアもそれぞれ異なったパースペクティブを提供する。隠れて見えなかった現実の次元を知る方法を提供してくれる。

それは一つの現実が真実で、他が歪められているといった問題ではない。一つのメディアはここから、次のメディアはそこから見させてくれるし、第三のメディアはまた別のパースペクティブから見させてくれる。いっしょにすれば、もっと完全な全体、もっと大きな真実を与えてくれる。古い言語の〝目かくし〟によって見えなくされていた本質を含め、新しい本質が前面に現われてくる。

各媒体がユニークに現実提示

本の文化を維持することがテレビの開発と同様に重要な理由は、ここにある。新しい言語が古い言語を破壊することなしに、古い言語の刺激剤の役を果たしている理由もまた、ここにある。

独占が終わっただけのことである。テレビのクイズ番組「六万四千ドルの挑戦」で、ともに俳優で名画収集家のエドワード・G・ロビンソンとビンセント・プライスの二人が美術に関して張り合っていたころ、ロビンソンはこのクイズ番組が彼の生活に影響を与えたかとききかれた。彼はいらいらしながら答えた。「前は美術書の絵をながめたものだが、いまは読まなくちゃいかんからね」

話し言葉など古い言語すべてとともに、印刷も新しいメディアの発展から莫大な利益を得ている。E・M・フォースターはこう書いている。「美術が発達すればするほど、定義のためにますます互いに依存するようになる。最初は、絵画から借りてパターンと呼ぶことになろう。のちには音楽から借りてリズムと呼ぶことになろう」と。

新しいメディアの出現はしばしば古いメディアを解放して創造的努力に向かわせる。古いメディアはもはや権力と儲けの権益に奉仕する必要がないからである。エリア・カザンはアメリカの演劇界についていう。

「一九〇〇年から二〇年をとってみよう。演劇は全国にわたって盛んだった。競争相手がなかった。興行収入は莫大なものがあった。最大のオリジナル作品は「黄金の西部の女」であった。文化に頭を下げたとしても、シェイクスピアのかびくさい上演だった。そこへ映画がやってきた。演劇はよくなるか、滅ぶかのどちらかになった。そしてよくなった。あまり見事に、あまり速くよくなったので、一九二〇年から三〇年にかけて、それが認識されなかったほどである。そのときユージン・オニールが出現したのは偶然だったかもしれない。しかし当時の奇妙な競争の時期に、演劇界が彼を迎えるだけのゆとりがあったことは偶然ではなかった。演劇界は分裂し、苦境にあったので、オニールの実験、耳にしたこともないテーマ、情熱、力を受け入れる余地があった。彼にとっては自分の全力を伸ばすだけのゆとりが与えられたわけである。そして彼のあとをおそったタレントたちには自由が保障された」

しかし新しい言語は、古い言語にめったに歓迎されない。話し言葉の伝統は、文字に書くことを信頼せず、手書き本の文化は印刷本を憎み、一九世紀の一学者が「ぞっとするような情熱の金屑の山」と呼んだように、本の文化は新聞をきらった。ある父親は、ボストンの新聞が犯罪、醜聞を載せているのに抗議して「この種の報道はひどく大胆になったが、こういうニュースを見せてよろこばせるくらいなら、子供たちを墓石の下で無邪気に無垢のまま眠らせたいくらいだ」といっている。

書物本位の人びとが本当に嫌に思ったのは、新聞のセンセーショナリズムではなく、その線的でない形態、経験を線的でなく構成するところであった。保守的な学者のモットーは

「一線を守れ」となった。

新しい言語は子供の新鮮な鋭い目でもってたちあらわれる。発見の純粋なよろこびを与えてくれる。最近あるポーランド系の夫婦の話をきいた。トロントに永年住んでいるが、故国の風習をたくさん守っていた。息子は父親に仕立ておろしの服を買わせようとするがだめ、母親にカナダの生活に興味をもたせようとしてもだめ、そこでテレビを買ってやったところ、二、三カ月とたたぬうちに大変化が起きた。ある晩、母親が「ブロードウェイでいまいちばん新しいのはエディット・ピアフだよ」といい、父親がテレビに出てくる社長さんが着ているような背広を着てあらわれたという。

永年にわたり、父親は店のウィンドウに置いてあったその背広の前を通りすぎ、広告でも、実際に人が着ているところも見たのだが、テレビで見るまでは意義をもたなかったのである。同じことがあらゆるメディアについていえる。おのおののメディアが現実のユニークな提示をしてくれる。それは新しいときには新鮮さと明晰さをもち、それが異常に強力なのである。

これはとくにテレビについていえる。私たちは「うちにテレビがある」と、なにかがやってきたかのようにいう。それはもはや「あなたがふれることを好む肌」ではなくて「あなたにふれることを好むナイロン」である。

私たちがテレビを見るのではない。テレビが私たちを見るのである。テレビが私たちを案内するのである。新聞と雑誌はもはや「情報」を伝えないで、ものごとを見る方法を教えてくれる。雑誌、新聞はリアリズムをあまりにも容易なものとして放棄してしまった。雑誌、新聞はリアリズムの代わりになっている。ライフ誌全部が広告である。その記事は感情とアイディアを包装し売りこむ。広告主が金を払った広告が商品を売りこむように。

教育手段としての各メディアの実験

数年前、トロント大学で私たちの仲間が次の実験をした。一三六人の学生を前年の成績に基づいて同数の四つのグループに分けた。そして各グループはそれぞれ、(1)テレビ・スタジオのなかで講義を受ける、(2)同じ講義をテレビ画面で見る、(3)ラジオで聴く、(4)原稿で読む、という実験を行なった。

実験はカナダ放送協会のスタジオで行なわれ、四つのグループは同時に同じ講義を受け、それが終わるとすぐに内容の理解力と記憶度について同じテストを受けた。

のちに同じテストが行なわれた。今度は三グループを使い、同じ講義を(1)教室で受ける、(2)小さな映画館で映画（キネスコープ使用）で見る、(3)印刷物で読む、という実験を行なった。

この実験のやり方は比較的単純だったが、講義の台本を書く問題から発展して、番組化の材料と制約が考慮されるにいたった。

すぐにわかったことだが、どんなふうに台本が書かれ、どんなふうに番組が演出されようと、あるメディアには有利で、あるメディアには不利といったように、さまざまな場合が出てきた。こうした有利不利のないように番組を演出することはできなかった。唯一の本当の共通点といったら、同時に提示されたということだけだった。

というのは、各コミュニケーションのチャネルは現実をさまざまに構成し、伝達メッセージの内容に驚くべき影響を与えるからであった。メディアは手紙をなかにいれて運ぶ単なる封筒ではない。メディアそのものがメッセージの主要な部分である。したがって私たちは特定の媒体の特質を最高度に利用しないことに決め、あらゆるメディアの中間路線をとることにした。

最終的につくられた講義は、現実の言語学的構成と文法的システムの底にある形而上学的構想を扱ったものだった。このテーマがとりあげられたのは、これに対する予備知識のある学生はほとんどおらずそのうえジェスチャーを使う機会がありそうだったからである。講義中、カメラは動き、必要なときにはクローズアップをとった。他のいかなる視覚的補助手段も使わず、講義中は出席者のスチール写真も撮影されなかった。そのかわり一つのカメラはただ話し相手に焦点を合わせた。

教室とテレビ講義のいちばんのちがいは、テレビ講義の方が短いことであった。教室の講義は理想的でないにしても、少なくとも実際にはより遅いペースをとる。冗漫であり、繰り返しが多い。より大きく仕上げ、念を入れることができるし、講師はいくつかの〝関連〟をとりあげてもよい。

ところがテレビは骨格にされてしまった。手加減を加えたり、代わりの解釈をする時間がより少なく、一つの事項しかとりあげる時間がなかった（二七分間に教室の二時間分の講義材料をつめこんだ）。

理想的なテレビ講師は、自分のポイントを述べてから、さまざまな例によって、その異なった面を示す。しかし教室の講師はそれほど緻密でなく、成績の優秀な学生がいやがるほど繰り返しが多い。最終的にはわからない学生が一人もいないようにと望んでか、講師がただ退屈なためか、似た点を繰り返す。先生たちは永年にわたって聞き手をとりこにしてきたので、新しい諸メディアによって注意獲得の競争力をつけている人は少ない。

省略機能のちがう各メディア

次にわかった大きなちがいは、印刷物をはじめとして、各メディアがものごとを省略する機能がちがうことであった。ハーバード大学法学部のエドマンド・M・モーガン教授は次のように書いている。

「記録だけを読んで自分の意見をつくるものは、誤りをおかしやすい。というのは、印刷文は話し言葉が生みだす印象を生みだすことができず、話し言葉が伝える考えを伝えることができないからである。

筆者は、前に実際に耳で聞いたことのある陪審員に対する論難を文書で読み、びっくりしたことがある。耳で聞いたときは、強い偏見があるように受けとれたのに、印刷物で読むと、理想的なほど偏見のない提案にみえるのだ。

筆者は、判事が前に口頭でもっとも卑劣な偽証だと極めつけた証言を、控訴裁判所が厳粛に、〝とりわけ明確で説得力がある〟と宣言したのを見たことがある」

印刷物とラジオが省略を選択することは知られているようだが、テレビではそれほど選択性が意識されていない。これは部分的には、映画の速記的形式によってすでに選択性に条件づけられているためである。バラスは次のように書いている。

「二人の男が愛人にさようならをいうため停車場に急ぐ。私たちは彼をプラットホームに見る。私たちは汽車を見ることができないが、彼のさがし求める目から愛人はとっくになかに入っていることを知る。彼の顔のクローズアップしか見えないが、その顔はびっくりしたようにけいれんし、それから光と影のしまが見え、光と影が急速なリズムでひらめくのが見える。すると彼の目に涙があふれ、そこでこのシーンは終わりになる。

私たちは何が起きたか、わかったとされる。いまではわかっているが、私がはじめてベルリンでこの映画を見たとき、このシーンの最後がすぐには理解できなかった。しかし間もなく、みんな何が起きたかわかった。汽車は出発したのであり、男の顔を照らしたのは汽車が速度を速めながら走り出したときの車内の灯だったのだ」

映画館でのように、テレビのスクリーンだけが照らし出され、スクリーン上には直接関連あるポイントだけが映し出される。他のものはみな排除される。この明白さがテレビを単に個人的なものだけでなく、力強いものにする。テレビ・スタジオ内の制作スタッフは目の前の実際の演技を見守るよりは床の上のモニターで番組を見守る。

ラジオ用に時間を合わせた講義の台本はテレビには長すぎるとわかった。テレビでは視覚的補助材料とジェスチャーにより、特定の言葉を使わなくてもすむだけでなく、独得な台本を必要とすることがわかった。理想的なラジオの話し方は、視覚性の欠如を埋め合わせるためにピッチとイントネーションを強調したものである。街頭録音風の平板な、ブロークンな話し方はラジオに訓練されていない人の話し方である。

ラジオ、テレビの勝利

テストの結果、テレビが一位、続いてスタジオでの実際の講義、ラジオ、最下位は印刷物の順となった。八カ月後、第一回のテストをやった学生たちに再びテストが行なわれた。今度も異なったメディアで講義を受けた各グループの間には大きなちがいがあることがわかった。また、このちがいは第一回のテストと同じであることもわかった。ただ講義の条件の混乱のため不確かであったスタジオ・グループは下から二番目になった。

最後に、二年後、実験を繰り返した。今度はライアソン研究所の学生を使い、大きな手直しをした。マーシャル・マクルーハンは次のように報告している。

「前の実験では、各メディアをできるだけ中立化させたが、今度は所定のテーマについて各媒体の力をできるだけ発揮させるよう苦心が払われた。前からの実験を通じて同じだったのはガリ版の教材を使ったことだけだったが、今度は想像力にあふれたタイポグラフィのレイアウトのついた印刷物を付け加えた。講師は黒板を使い、討論を許した。ラジオとテレビではドラマ化、音響効果、テレビではグラフィックを使った。

テストの結果、ラジオがやすやすとテレビを抜いた。しかし、第一回の実験のときのように、ラジオとテレビが、講義と書きものによる形式より決定的に有利であることがわかった。今度の実験で、思想と情報の伝え手としてのテレビは、ドラマ的な材料によって弱くなったようだ。他方、ラジオはそのようなぜいたくさがプラスになった。〝テクノロジーとは明快だということである〟とライマン・ブライソンは書いている。ラジオ・テレビともに、書きものや講義よりも明快であろうか。これらのメディアにより大きな明快さが内在しており、それが他のメディアによる実験をやすやすと抜いたのだろうか」

第一回実験の結果を発表すると、相当な関心を呼んだ。広告代理店は実験結果を配布した。テレビの優位がいまやついに科学的に証明されたとの批評をつけて。

だが、これは不幸なことであり、問題を見損なったものである。というのは、実験結果は一つのメディアが他より優秀であるなどということは示さなかったからである。ただ各メディアのちがい、このちがいは程度の差より種類のちがいといえるほど大きいが、そうしたちがいに注意を向けさせただけである。カナダ放送協会の一部当局者は狂喜したが、これはテレビが勝っただけでなく、印刷物が負けたからであった。

この問題は誤ってデモクラシー対マス・メディアの問題とみなされてきた。本そのものが最初の機械的なマス・メディアであった。もちろん実際に問題とされたことは、本による知識の独占は新しい言語の挑戦に生き残ることができるか、ということである。答えは「ノー」である。

こういうたずね方をしなくてはならない。印刷物は他のいかなるメディアよりも何がうまくできるか、それはやるだけの価値があるか、と。

(Edmund Carpenter サン・ファーナンド・バレー大学教授、人類学者)

2 触覚的コミュニケーション

ローレンス・K・フランク

最近聞いた話だが、ある人がペットとしてよろいねずみ《アルマジロ》を手に入れた。彼はこの動物を家に持ち帰る前に、DDTをたっぷりそのよろいの下にふりかけた。寄生虫は床の上に黒くなるほど落ちた。しかし数日のうちにアルマジロの具合が悪くなった。この人は忠告を得てアルマジロのよろいの下に寄生虫を戻してやった。この治療で具合はよくなった。たしかに一つの重要な問題がここにはある。

皮膚はある程度文化による規定を受けるが、メッセージの受容器であり、またメッセージ中継器でもある。皮膚には鋭い感覚があるために点字の解読のような複雑なことができるのである。しかし、触感はそうした複雑なものから想像されるよりずっと基礎的なものであり、基本的なコミュニケーション形式となっている。

幼児にあっては、まずシグナルに、ついでサインに、最後にシンボルに対する認知と反応がみられる。幼児は生物学的なシグナルのレパートリーを生まれながらにそなえている。幼児はそうしたシグナルに対しては咳やあくびやくしゃみや大きい息の吸い込みなど一定の型の反射的反応を示す。二つのシグナルが条件反射の実験の場合のように、多かれ少なかれ随伴しあらわれると、二番目の、つまりいわゆる無条件で、それまで無関係だったシグナルが、最初のシグナルにとって代理のシグナル、あるいはサインとなるだろう。さらに日がたつと幼児は、そうしたサインが他者によって規定されているばかりでなくて、サインに対する反応も同じように他者によって規定されていることを知るようになる。こうして幼児は、文化的にパターン化した触覚的シンボルを用いはじめるのである。

やがてこの初期のコミュニケーション形式は話し言葉によって補われるようになる。部分的にはこの初期の形式が言葉の学習の基盤ともなっているのだろう。母親は赤ん坊を軽くたたいて安心させる。後にはこれに言葉が追加され、最後には別の部屋からの言葉だけになる――「大丈夫よジョニー、ここにいるわよ」。

触覚的コミュニケーションがこれで全面的にとってかわられたのではない。それは象徴過程によって複雑化したにすぎない。カッシーラーはこういっている。「口頭言語は触覚言語よりもはるかに技術的《テクニカル》にすぐれている。しかし、触覚言語が技術的に劣っていることは、その本質的な有用性をなんら損なうものではない」。人と人との間においては、触覚的コミュニケーションの方が言葉よりもすぐれている場合もある。

たとえば、親しい人を失った人を「いうべき言葉もなく」慰める場合など。ハクスレーは『いくたびもの夏すぎて白鳥は死す』の中にこう書いている。「直接的な動物的直観は言葉には移しかえられない。言葉は人に同じような経験を思い起こさせるにすぎないのだ」。私がなにか直観的に感じたとか、それは私の心の琴線に触れた経験だったとかいうときに、言葉よりも以前の、おそらくはもっと基盤にあるコミュニケーション・メディアのことに言及しているのである。

複雑多岐な性質の皮膚

触覚はおそらくもっとも原初的な感覚過程である。それは最下位の有機体において向性あるいは趨触性《シグモタクシス》としてあらわれる。多くの人間以下の有機体は、触覚によって自分の方位を定め、それによって自分の行く方向を感じるのである。触覚は人間生活にとってもきわめて重要である。

わずかな体毛の痕跡しかとどめていない人間の皮膚は、おそらく他の哺乳動物の皮膚よりも敏感である。もっとも毛の動きは、濾胞部分の転置によって外面皮膚に感覚を生じさせうる。たとえば、「逆なで」するとむずがゆく感じ、毛にそってなでられると気持ちがよい。赤ん坊をリズムをつけて軽く叩くことは、赤ん坊を安心させるばかりでなく、明らかにその発育をたすけ、新陳代謝の効率を高める。同じようにリズムのある愛撫は大人の生活できわめて重要なものとなる。

飼育されたねずみは野生のものにくらべると、とり入れた食物の新陳代謝をより効果的に行なうことができ、また、実験的につくり出された変動など、さまざまのショックに容易に参ってしまうことはない。生まれたときから首のまわりに厚紙の板をはめて、自分の身体をなめることができないようにしておくと、こうした動物は自分の子供をなめてやることができなくなる。仔猫は母猫が肛門や尿道をなめてやって排泄を誘ってやらないと排尿や排便ができない。

オルベリは皮膚から腸のなめらかな筋肉までなんらかの連絡があって、それによって腸という高度に自動力のある器官に、なでたり、なめたりする刺激行為が伝えられうるのだということを発見して、これを「交感連結」と呼んだ。口から肛門までの栄養管は皮膚とも関連があり、発生的には同じ細胞層から生じている上皮性の細胞で成立している。さらに、触覚的刺激を受容する多くの端末器は口と肛門と生殖器の中や周辺にあり、そうした部分につながった皮膚が感じるのである。

オルベリの発見は十分に確認されていないが、現在一般に承認されている温覚、冷覚、痛覚、圧覚の感覚過程の他にも皮膚感覚態様があるのでなければ、触覚的な愛撫の作用を説明することは困難である。

コミュニケーション器官としての皮膚は、機能する領域がきわめて広く、反応のレパートリーも多様であり、高度に複雑多岐な性質をもつことは明らかである。このことは温・冷・痛・圧覚のカテゴリーの他にも豊かな感覚神経系があることを前提にしてはじめて理解できることである。おそらく汗腺と毛管の神経感応が内臓その他の器官に伝わるのであろう。寒さ、あるいは暑さによる毛管の縮小や拡張が血液循環に変化を生じさせ、あるいは変化を促進するものであるかぎり、触覚的刺激――とくにリズムのある愛撫――は身体のホメオスタシス〔環境変化に対応しての身体機能の均衡回復能力〕の過程を構成する重要な要素といえよう。恐怖あるいは苦痛のなかにおかれた人は、同情をもった人に触れることによって、生理学的にいって均衡を回復しうるのである。

ボットはかつて次のような事実のあることを示した。つまり、中指は髪の毛の感覚器としてもっとも敏感な指であり、人さし指はタバコの葉にまじっている毛を意図的に探し出す場合に用いるのにもっとも敏感な指である。いいかえれば、個体は意図的な行為と無関係ではない、さまざまの選択性のある触覚的知覚をもっているのである。

乳児=触覚から聴覚へ

触覚は、おそらくは最初に機能する感覚過程として胎児の初期にあらわれる。胎児は羊膜の中の液に浮かんで、母親の心臓の鼓動のリズムある刺激を受けとっている。鼓動はこの羊水によって拡大されて胎児の全皮膚に伝えられる。胎児の心臓の鼓動はやがて母親のそれと同期したり、あるいは、同期しない動きをはじめる。いずれにしても胎児は、その皮膚に一連の刺激を受けて、生理学的な共振として反応を形成し発達させていくのである。こうして生まれるより以前に胎児は、リズムをもって鼓動している環境に適応しているのである。

生まれ出ると赤ん坊はある場合には強烈な圧力と緊縮を体験する。赤ん坊は、突如として大気の圧力にさらされ、胎内とは異なった温度の中におかれる。こうした状況のなかで呼吸活動と、おそらくは多くの触覚的反応が生じてくるのである。

哺乳動物の新生児は、母親によりそわれ、抱かれ、なめられることが生理的に必要なのである。母親にくっついて温かさを得、触覚的接触を保って、ときおり、なめてもらったり、なでてもらったりすることが必要なのである。人間の場合はこのパターンに一致するか、あるいは極端にこのパターンから離される。横に添い寝させたまま、初乳を与え、好きなだけ愛撫することが認められている場合もある。また、こうした触覚的な接触が極度に断たれている場合もある。

しかし多くの場合、赤ん坊は母親にリズムをもって抱き寄せられ、なめるように愛撫される。赤ん坊は自分の唇で母親に触れる。とくに乳房に触れ、しだいに指で母親にさわる度合を増していく。こうして赤ん坊は必要とする温かさ、ミルクなどを母親から得るのである。

新生児はホメオスターシスの能力が不十分なので、自分の体内の均衡を維持するためにこのような体験を必要とするのだと考えられる。赤ん坊は母親との身体的な接触で体温を維持し、恐怖、苦痛、空腹、寒さなどで均衡が乱されると、愛撫や軽く叩いてもらうなどのリズムのある触覚的刺激によって、均衡を維持あるいは回復しようとするのである。情動的に障害の状況にある赤ん坊は通常、軽い叩き、あるいは強い、しかしリズムのある指による叩きを受けることで平静になる。もう少し成長した子供の場合であれば、目をさまさしたり、起きたままにしておくようにする刺激が、赤ん坊を眠りにさそうのである。

この年齢差のある事実は、乳児がもっているリズムのある触覚刺激に対する感受性あるいは必要性が、成長とともに消えていくか、あるいは他のパターンの中に組み込まれていくかするという仮説を支持している。

赤ん坊は自分の身体をさわり、その形や質をさぐって自分自身とのコミュニケーションをはじめて、自分の身体のイメージをつくり上げていく。のちになると自分の手と足に対する視覚的関心に集中して、触覚経験を補強する視覚イメージを形成していく。

内容と対比したときのメッセージの質あるいは意図は、声の情動的な色調、表情、身ぶり、ちょっとした接触行動によって伝えられ、これに対して人はだいたいこの意図あるいは質に反応するのである。通常、母親は子供を軽く叩いたり、抱いたりするとき、子供に話しかけたり歌ったりする。こうして子供は母親の声をその接触の代理刺激として認識するようになる。やがて母親の安心させる言葉が、たとえ母親が手で触れうるところにいなくても、触覚的な経験の代理物として受け入れられるようになる。

同様にして子供は、母親の声にあらわれる不快の調子を認めうるようになり、以前、叱られたときに受けた身体への直接の刺激そのものに対するかのように、その声を聞いてすくむようにもなる。言葉のメッセージの受容は、子供がそれ以前に得た触覚的経験に基づくところが大きいことは明らかである。

赤ん坊は触覚的にさぐることで空間における位置を知りはじめる。手、また多くの場合に唇で感じながら、接触できるものすべてについての質、大きさ、形、材質、表面の粗密をさぐるのである。

こうした行動には運動筋肉の活動と神経系の協働作用の発達が必要であるが、それは触覚的なメッセージによって確立され、ついで漸次、視覚的な手がかりによって移し替えられていく。突き当たること、痛いこと、温度を感じることなどがもっとも初期の触覚的シグナルである。大きさ、形、外観、色といった視覚的サインがのちになって触覚的シグナルのかわりとなる。人間がこのような筋肉運動系のパターンをマスターするのに、どれだけ長い間の学習行動を要したかということはしばしば忘れられている。子供のときに、空間的次元を知るにいたるのにどれほど触覚に依存したかということを、大人になるとすっかり忘れてしまうのである。

以上のように赤ん坊の環境世界の知覚は、触覚経験のうえに形成されているのである。しかし、そうした経験はやがて他の象徴パターンにとってかわられていくために、指かき絵、粘土細工、水遊びといった経験によってしか再現しえないほどにまでなる。リズムの型、さまざまな強度の音をもった音楽や詩のもつ力というものは大部分、おそらく、乳児のころの触覚的経験によって代替的に提示するところに起因すると思われる。

成長過程における触覚

赤ん坊は自分の届くところのものすべてをさぐることから出発するが、やがて人でも物でも触れることが禁止される対象のあることを知る。そうして接触を自分で制限するようになる。前には触れられたものに対して、触れてはならないことを教えられるようになる。こうして物と人に対する配慮のための複雑な決まりをもった社会というもののなかに導かれていくのである。

さらに子供は、まずは触覚的な手段によって、「自分」と「自分ではないもの」との間の区別を学ぶ。後になるとこの規定に修正を加え、多くのものを言葉の形式に移し替えるのであるが、それでも触覚的な規定は基礎にあるものとして存在しつづけるのである。

触覚体験への要求とそうした刺激に対する反応において、赤ん坊といっても相当差異があるように思われる。いちような体験が欠如すると、成長してからの学習、ことに話し言葉、さらにもっと成熟した触覚的コミュニケーションも含めてのすべての象徴的な系列のコミュニケーションの学習が困難になるだろう。このような触覚体験が局限された場合には、他人との満足なコミュニケーションは、視覚および聴覚コミュニケーションの能力が十分に発達してからでないと無理となるだろう。

そのような子供は、異常なほど親の権威に依存し、親のいうことに過度に服従するようになるだろう。そうした子供は言葉以前のコミュニケーション経験を欠いているため、突然にコミュニケーションの段階を飛びこえる困難に直面し、他者との関係も健全なものとはならなくなるだろう。他人とのシンボルによるコミュニケーションの世界に十分に効率よく入っていけない分裂症〔統合失調症〕の患者の多くに、母親の手で親しく育てられなかった幼児時代を送った人たちがあるという事実は、このことから容易に理解されよう。また、母親から引き離されて育てられている子供に抽象的思考が不十分であることについても、これは理解の糸口を与えてくれる。また、よく読めないということだけでなく、話がうまくできないということも、小さいときに触覚的コミュニケーションが与えられなかったり、そこになにか障害があったりしたためであるという事実もあげられている。このように触覚的経験が欠如すると代理経験を求めるようになる。自慰、指しゃぶり、鼻、耳、毛をいじることなどである。

われわれの文化においては、子供はしばしば五つあるいは六つのころ、母親から引き離されるので、触覚的な接触の授受は減っていく。観察されるところでは、男の子はこうした接触を自ら避けるようになったり、あるいは否定するようになるのに比べて、女の子の方の接触はより長期に及ぶ。この触覚的感受性と経験の消失はこの年齢の子供の特徴であり、そのために潜在的と呼ばれるが、子供が思春期に入ると、彼らは再び接触の授受を盛んに求めるようになる。

青年期に入ると触覚的コミュニケーションはまず同性の間で増大する。男性は肩に腕をかけあって、女性は腰に手をかけあって一緒に歩くようになる。そしてやがて異性を求めるようになる。成人の触覚的コミュニケーションは文化によっては極度に複雑なパターンを生み出している。

触覚の文化的パターン

それぞれの文化はその構成メンバーの人間同士だけではなく、個人とその外界との間の触覚的コミュニケーションを活発にさせたり、あるいは制限したりしている。人間はあらゆる瞬間にその環境とコミュニケーションを行なって、しばしば意識することなしに刺激に反応しているのである（たとえば、足や尻に感じる刺激に対しての、また、涼しい風、煙に対しての反応）。

皮膚の色は視覚的な確認の手がかりの役を果たすことができる。それは接触を避けようとか触れたいとかいう、しばしば触覚的な反応をひき起こす。衣服の分量と衣服でカバーされる身体の部分というものは文化によって、また時間、場所、状況によって変わってくる。身体に絵を描いたり、いれずみをしたり、ほりものをしたりする身体を素材とする芸術は、化粧一般も含めて、皮膚の外見を誇張しようとするものである。それは皮膚の手入れ、入浴、油ぬり、香水つけ、ひげそりなどが、コミュニケーションに対する触覚の側面での態勢を整えたことを示すために皮膚に手を加えるパターンとなっているのと同じことである。

したがって、身体芸術とか身体の手入れは、そのものであれ象徴によるものであれ、触覚的な接触へのいざないの代理物としての役割を果たすのである。「称賛のまなこ」でみつめられるということは、メッセージが受けとられ、理解され、了承されたということを示しているわけである。

このような装飾物は役割に基づく行為において重要なものとなり、これがあることによって人は適切な反応ができるのである。だいたいにおいて男性と女性とは皮膚の露出、身体芸術、衣服のパターンによって役割規定がなされており、相互間に承認される触覚的接触の種類も規定されている。それぞれの文化がこうしたコミュニケーションの基準を確立している。恥を覚える、顔を赤らめる、顔色を失う、といったこともこうした基準の違反と関係があるのだろう。また、貞節ということはそうした基準の遵守に関係があろう。

　触覚的コミュニケーションは、許されない接近に対しては処罰を加えるということで、物や人に関して不可侵の領域を確立するうえに重要なものである。社会組織にとってきわめて根本的な近親性交のタブー自体、そもそも触覚的な側面の禁止ということで理解されるものである。「触れるべからず」の領域は同様にして物質にまで及び、所有権に関連してくる。幼児のころのあくなき欲求は整理されて、子供はやがて誰ということばかりでなく、誰のものということを知るようになる。さらに成長すると人間は親による禁止項目への服従から物や人を触れてはならないサイン、あるいはシンボルとしてみることを知って、自己のなかに内面化していくのである。

　血縁制度の大部分は、位階、カースト、役割、年齢とともに、接触ということで学びとられ維持されている、といって差しつかえないのではないだろうか。手袋をとっての握手、身体をつけてのダンス、鼻をこすり合わせること、接吻、肩や腰に手をまわすこと等々は、あらゆる求愛行為における触覚経験もそうであるように、文化に細かく規定されている。

食事の材料、着物の「感じ」、飲みものの温度、といったものは、文化によるとともに個々人によって規定されている。製造業者たちは「ちょうどよい感じ」をもたないと受けとられる製品を売るのはきわめてむずかしいと報告している。たとえば、金属製の家具は冷たすぎるし、プラスティックの食器は軽すぎると感じとられるのである。われわれは絵を評価する場合にも、形や色や内容ばかりでなく、さわったらどんな感じがするかというテクスチャー〔肌理《きめ》、材質感〕の問題をも条件に入れている。おそらく彫刻についてのわれわれの判断は、美術館の表示の「触れるべからず」に象徴されているのである。

自慰による自己とのコミュニケーションは、おそらくあらゆる文化に普遍的であろうが、全部の文化がこれを是認しているわけではない。自己とのコミュニケーションの形式には自慰のほかに、顔面を痙攣させる、掻く、毛をなでる、物に押しつける、マッサージをするなどがある。マッサージは専門家のやることにもなっている。

最後に、それぞれの文化は受け入れなくてはならない苦痛な経験の型をも設定している。手を打って叱る、顔を平手打ちにする、火の上を歩く、火をもつ、血を出す、寒さあるいは傷の痛さをストイックにがまんすることなど。

高度に抽象的な概念は、ほとんどの触覚的なメッセージの及びうる領域外にあるように思える。おそらく点字のような方法のなかにのみつながりうるのであろう。

（Lawrence K. Frank『患者としての社会』の著者、心理学者）

3 キネシクスとコミュニケーション

レイ・L・バードウィステル

キネシクスとは、人と人との非言語的なコミュニケーションの視覚的側面について研究する学問分野である。この研究は、三つの部分に分けられる。前《プレ》キネシクスは身体行動の生理学的、前《プレ》コミュニケーション的側面を扱う。マイクロ・キネシクスはキネ（分離できる身体行動の最小単位）を引き出して、操作できる形態学的な部類《クラス》にすることを扱う。そして社会的キネシクスは、コミュニケーションに関連するときのこうした形態学的な構造を扱う。

前キネシクス、生理学的身体行動

今日のキネシクス研究においては、その変化が反復的に観察され、体系化されやすい視覚的に知覚される身体の動きは学習されるという仮定をとっている。この仮定は生理学的な影響力を考慮しないという仮定ではない。速度や強度の個々人による変化についての一般化が可能になるためには、神経筋と内分泌の研究がもっと進歩することが必要である。しかし、前キネシクスをマイクロ・キネシクスや社会的キネシクスと分けて考えなくては、われわれは還元主義に陥る。

研究の初期においては、重要なデータが「むずむずする」「退屈」「筋肉弛緩」「緊張」などの言葉で片付けられてしまい検討されなかった。しかし、このような身体の動きへの刺激は、必ずしもいつもそうではないにしても、多くの場合、その行為の文脈とその社会的な規定に依存しているのである。「掻く」「位置を変える」「背伸びをする」「楽にする」「緊張する」などは、社会的に規定され統御されている多くの一見単純な生理的反応のごくわずかの例にすぎない。そうしたものを精神治療的《サイコソマテイック》なものとして曖昧にすましてしまうのでは、専門各分野の共働の前提となるべき実験の明晰さを犠牲にすることになってしまう。

ここでは例として片方のまぶたの開閉を使うことにする。まぶたの開閉はキネシクス研究にとっては、現在のところは、問題になりえないような多くの行動を含んでいる。たとえば、高速カメラはまぶたの開閉具合のほぼ千の段階の位置を記録することができる。そうしたフィルムからグラフをつくれば、休み、逆転、速度変化などを示すことができる。しかしそうしたものは生身の目では認知することのできないものである。いかなる社会も、相互作用のための規定には、この幅広い変化のなかの一部分を「選択」しているのである。分離できる最小単位はキネと呼ばれる。集団のメンバーは、社会的相互作用のために、ごくわずかの識別可能な範囲のキネを使っているのである。

マイクロ・キネシクスの意味テスト

マイクロ・キネシクスは意味をもったキネの操作可能な部類への体系化を扱う。一連の実験テストにおいて、五人の若い看護婦はまぶたを閉じる位置に一一種を識別できた（識別できたのは一一のキネ）。全員一致して、わずか四種だけがなんらかの「意味をもつ」とした（差異のある意味をもったのは四つのキネ）。再度テストを行なってみると、後者は明確な位置ではなくて位置の幅であり、看護婦たちは「目を見開いている」「まぶたを伏せる」「横目でみる」「ぴったり閉じる」という言葉で報告しているが、すべてそれらはただ「開いている」「閉じている」で区別されている。

この調査からわかったことは、五人の看護婦のなかの一人だけが、彼女たちが異なる意味をもつと認めた二三の位置について五つ以上を再生《リコール》できたことである。同年輩の男子大学生の統制群を調査した結果では、全員が最低一〇を再生できた。平均は一五である。極端に再生能力のある一人の男性の場合には、三五のキネを再生しており、容易に意味の差異を認めえたものは二三に上っている。日本人、ドイツ人の調査相手の場合には、男女の性差がはるかに低く出た（これはアメリカ人以外のグループの調査相手の数が少ないことに関係あるだろう）。

この実験だけからもわれわれは、調査相手の範囲と性別による大きな認知と再生能力の差を明確にできたと考える。話すボキャブラリーよりも、読んだり聞いたりするボキャブラリーの方が大きいのであるから、われわれの行動を数え上げたリストは見ることのリストより小さいのであろう。ちなみに、形態学的な調査だけが、なんらかの特定の動きを「キネ固有《イディオキネシック》」とわれわれが安心していえる根拠を与えてくれているのである。

われわれの方法論的手続きの話に戻ろう。複合体の特定の部分のいずれかのキネの変化が、その複合体の識別できる意味を考えたとわかると、われわれはそこで抽出された組み合わせを「キネモルフ」とした。たとえば、「まぶたを伏せる」ということが、「左右の端が上がり、真ん中が下がった形の両まゆ」と結びつくと、「まぶたを伏せる」と「片方のまゆをわずかに上げる」との結びつきと明らかに違う意味をもつのである。

まゆ、あるいはまぶたのいずれかが変化すると、キネモルフの識別できる意味に変化が生じるという発見は、修飾語句、主語、述語といったことの議論に安易に終始することに対する警告となる。しかしながら私は、文化横断的《クロスカルチュラル》な調査が、やがてキネシクスの統辞法《シンタックス》を開発することになるのではないかという気がする。

これまでの調査によると、アメリカの中間層、大多数のアメリカ人の文化においては、目の周辺の動きが、手、腕、胴の動き、さらに頭の動きにもまして、状況の規定に優先権をもっているのである。このことは、南ヨーロッパや東南アジアの調査相手から得られたこの種のデータとの比較によって明らかになってくる。

それでは一つの実験の例で、いくつかこうしたことを説明してみよう〔207頁参照〕。

次に二つの状況の記録の例をあげよう〔210〜213頁、図と説明参照〕。いずれも社会的文脈をもったもので、一つはバスで（例I）の、もう一つは家庭で（例II）の記録である。二番目の例IIの場合だけ、状況それ自体が提供する情報以外の直接的な情報があった。

アメリカには地域的な文化の差異があるということを除けば、これらの人物は普通のアメリカ文化のメンバーであるといえよう。母と子供はバージニアのタイドウォーターのアクセントで話した。ホステスはオハイオ州クリーブランド生まれで、一九四五年以降ワシントン

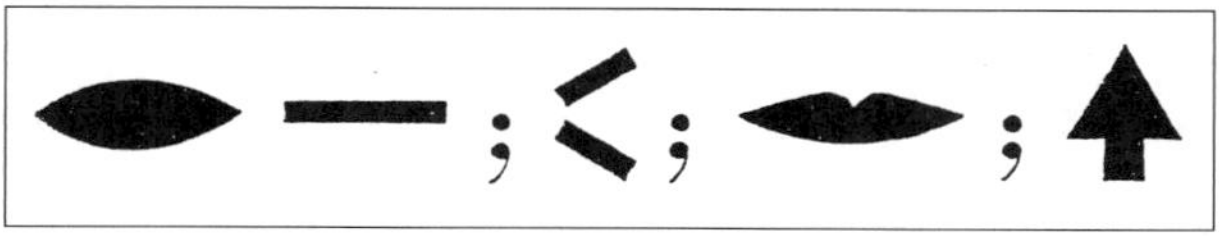

左目を閉じ，右目を開く。左目の端で横目を使う。
口を「普通」に閉じる。鼻の先が平たい（うさぎばな）
（この図を５秒以内投影する。再テストではもっと短くする）

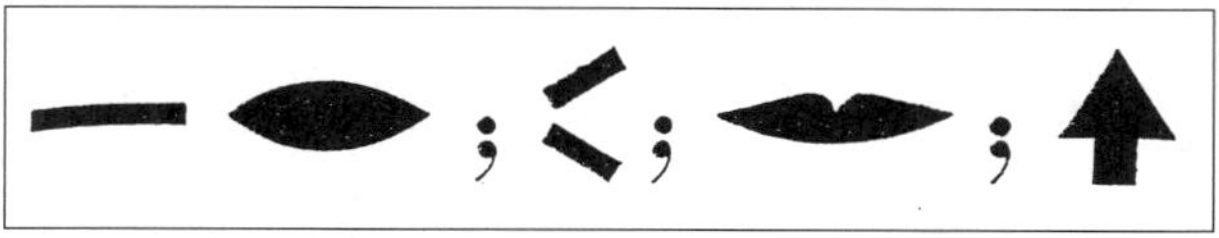

右目を閉じ，左目を開く。左目の端で横目を使う。
口を「普通」に閉じる。鼻の先が平たい（うさぎばな）

被験者の発言　「見たところは違うが，意味に違いがあるのではないだろう」
暫定的分析　閉じた目が右から左に変わっても，意味は変わらない。この場合，右，左というのはキネとしては互いに異なるものである。一方のみの横目は被験者に気づかれない。

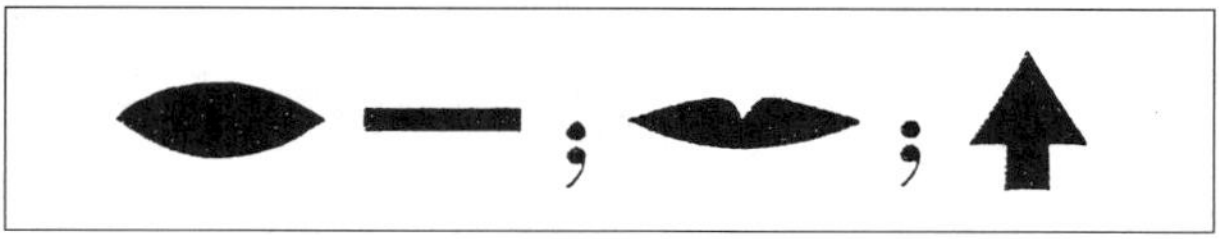

左目を閉じ，右目を開く。口を「普通」に閉じる。
鼻の先が平たい。どちらの目も端で横目を使っていない。
被験者の発言　「いちばん初めのと同じだ」
暫定的分析。横目は形態学的に有意ではない。

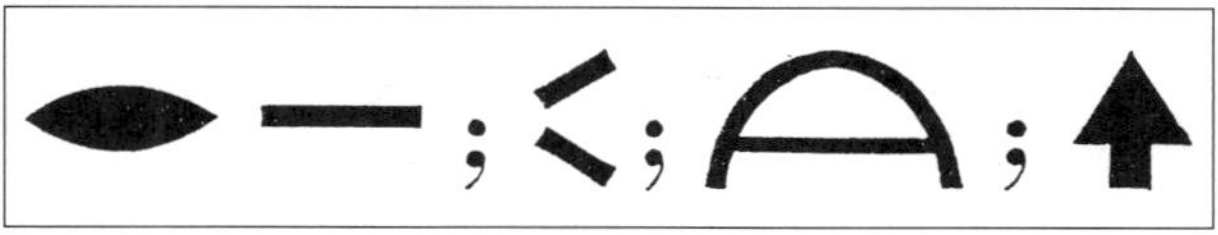

左目を閉じ，右目を開く。左目の端で横目を使う（あるいは使わない）
口をとがらす。鼻の先が平たい。
被験者の発言　「まあ，これはずいぶん変わった」
暫定的分析。口の位置が形態学的に有意である。

に住んでいる。客はウィスコンシンの小さな町の生まれで、現在シカゴに住んでいる。ホステスも客も、ウォーナー・タイプ分析のような方法で測定すれば、中間層の上位に入れられるような人たちである。例にあがっているバスの路線はどこでも似たような路線に受けとられる。母と子供の衣服は彼らよりも先に降りた他の乗客と同質的ではなかった。ホステスと客の年齢は三〇代の後半である。子供は四歳くらい、母は二七から三〇歳に見えた。

例I、IIではテキストの上部に、ストレスとイントネーションを明示した。これにはトレーガーとスミスの『英語の構造の輪郭』で使われているシンボルを用いた。声の修飾要因《クオリファイア》、たとえば、「引きのばし《ドロール》」は、彼らが考案したシンボル（·印）で示した。いくつかの個所には、テキストの音素記述も行なっておいた。キネシクスに関するシンボルはテキストの下部に示したが、これは図解的なものにすぎず、翻訳した説明はほどこしてない。

社会的キネシクスによる分析

ここでは「身振り《ジェスチャー》」という言葉は使わないこととする。身振りというものは、それの記述に行為者あるいは観察者の言語による合理化が含まれているような行為に限られるべきものである。しかしながら、これまでの研究が明らかにしてきたところによれば、身振りは他の行為よりも「意味をもつ」ということはないのである。身振りにつけられた主観的、言語化された意味は、われわれに、その行為の意味についての洞察を必ずしも与えてくれるものではないのである。

身振りは行為の意味から独立した、しかしそうとは見えにくい一つの視覚的側面なのである。「親指を鼻に押しつける」という形が明白な焦点である一つの行為が伝えうるメッセージの多様性を考えてみるがよい。形式的な文法が言語の理解へのハンディキャップになったのと同様に、ジェスチャーという誤りやすいものがあるために、キネシクスは発展を妨げられてきたのである。

キネシクスのなかでも、もっとも成功を収めてきたものは、目に見えるコミュニケーションと耳に聞こえるコミュニケーションとの関係を理解する試みである。言語学における新しい展開のために、こうした現象間の有機的関係、ことにイントネーションのパターン、句の前置、声の修飾要因などの有機的関係の研究が可能になってきているのである。

訓練を受けた言語・キネシクス学者にはこの関係のとらえ方が容易である。そうした人は電話の会話の録音を聞いて、あるいはそれを生で聞いて、話者の多くの動きを記述してみせたことが何度かあるのである。さらに、聞いている人は、口に出されたものではなくて、動

〈例　Ⅰ〉

（このページのそれぞれの文章は次ページの記号文に対応する）

1．この場面は４月14日，午後２時半頃の戸外。男の子がバスの窓際の座席に座っていた。彼は外を見るのもあきた様子で，車の広告と乗客とを眺め渡したあと，母に寄りかかって袖をひっぱり，ふくれ面をして激しく両足で床を蹴った。

2．母は座席にまっすぐに座って，荷物をひざにのせ，両手を軽くその荷物の上に組んでいた。彼女は明らかに考えごとをしていた。

3．子供は母の注意をひく第一の試みに失敗したので，彼女の袖をぐいぐいひっぱりはじめた。そのたびに声に力を入れた。

4．母は振り向いて子供を見ると「シーッ」といった。そして右手で子供の両ももを強く押さえた。

5．子供は声を出して抗議して，両こぶしをにぎりしめ，胸の前にかまえた。それと同時に，母の手で押さえられているのに抵抗して両足をあげようとした。子供は口許をひいて，顔の上部はきつい不機嫌な様子を示した。

6．母は子供のひざにおいていた手をひいて，前のように荷物のまわりに両手をまわして組んだ。

7．子供は母の腕の上部をしっかりつかんで，おこりつづけた。なにも反応がないので子供は横を向いて，両ひざで母の左ももの側面を突いた。

8．母は子供を見て，子供に寄りかかり，その両足のひざ上部分をぴしゃっと打った。

9．子供はにぎりこぶしを上げたり下ろしたりしはじめ，その間，激しく首を上下に動かす。

10．母は振り向いて顔をしかめ，口をすぼめ，声をひそめて叱責する。突然，彼女はまわりを見まわし，乗客が自分の方をみつめているのに気がついて，無理して微笑した。話し終わると同時に，自分の右手を左腕の下に通して，子供の腕を強く押した。子供は静かになった。

〈例 I〉

⌒3/ 2 |⌒ 3/2|2 ∧ ∧ ⌒3/ +\1 # ⌒
1. Child: Mama. I gotta go to the bathroom.
(mo)ᵹ↤ o o L35⊣ ⌓ ⅄⅄ ⌝ ⁚⁚⁚ 2
mθther's sleeve x

2. Mother:
T ⊕ ⊕ 18XX1 ⅄m⅄ 3-3-3

⌒2/3 # ⌒2 ∧ ∧ 3/1#
3. Child: Mama. Donnie's gotta go.
R35⊣ R35⊣ R35⊣R35⊣R35⊣
mo. r. sleeve

⌒2/ 1# ⌒
4. Mother: Sh-sh.
ᵹᵹ R5 across child's lap - firm through 5

1∪+⌒4 1# ⌒
5. Child: But mama.
XX41 ⋀⋀ >⌒<

⌒ 3/ 1# ⌒ (o openness;≽over-softness)
6. Mother:≽ Later.≽
18XX1 o o

⌒3 / 3 /1 / 1|⌒(≙over-loudness;≈whine)
7. Child:≈ mah mah≈
R5 >⌒< ⅄⅄ zz against mother's thigh
mother's arm

≙ 3/ 1# ≙ • (?rasp)
8. Mother:? Wait. ?
ᵹᵹᵹR14⊣ against child's thighs

1∪+⌒3 1#⌒ 4/ 2/⌒ 4máh4/1máh# ⌒
9. Child: Oh mama, mama,≈ mama. ≈
>φ φ<XX41↑___H___↓ ↑ ↓ ↑ H

≙3 / \ 1#≙≽2/ |3 3# ≽
10. Mother:? Shut up.? o Will yuh. o
>☼< h ⇄ ⌒⌒ ⌒⌒ L35 child's l. u. arm
behind own r. arm

〈例　II〉

（このページのそれぞれの文章は次ページの記号文に対応する）

主賓が，45分遅れてやってくる。３組のカップルが待っているほかにホストとホステス。ホストがこの会のための客を決めたのだ。

1．ホステスはドアを開いて客を迎え入れるとき，口を結んだまま微笑した。彼女は話を始めると，両手をひいて軽くにぎり，胸の位置まで上げた。彼女は目を見開いて，それからゆっくりと閉じ，いくつか言葉をいう間，閉じたままにしていた。話を始めると彼女は頭を一方に横に傾けて，それから主賓の方に，ゆっくりと向けた。次いで彼女は話をつづける前に，ちょっと唇をすぼめて，主賓に入るように指示した。

2．主賓はじっとホステスの方を見て，頭をふり，両手を開いて前に広げて差し出した。それから彼はゆっくりと歩いて，片手を上げ，やや外向きにする。彼はうなずいて，もう一方の手を上げ，話をしながらそのてのひらを上に向けた。それから両手を下ろし，てのひらを前に向けて，ももから離した横の位置においた。彼はなおもゆっくりと歩きつづけた。

3．ホステスは主賓に微笑み，歯をきっちり合わせて口許をうしろに引く。それから彼女は彼にコートの置き場所を指して，一瞬，その顔は表情のないポーズとなる。彼女はまた歯を見せて微笑み，彼に唇を向けながら，目をパッチリ開き，ゆっくりと閉じ，開き，また閉じた。次いで彼女は頭を一方から他方に振る。“all”という言葉をいうときに彼女は自分の頭を一方から他方に振りながら上下に動かす。彼女はまたゆっくりと目を閉じ，唇をすぼめて，客の折り襟をつかまえる。

4．客が両肩をそらせたので，彼の折り襟をつかまえていたホステスの手が離れた。彼は両手でコートを押さえ，顔をしかめ，次いでコートを脱ぐときに急いでまたたきをした。彼はコートをしっかりと持ったままでいる。

〈例 II〉

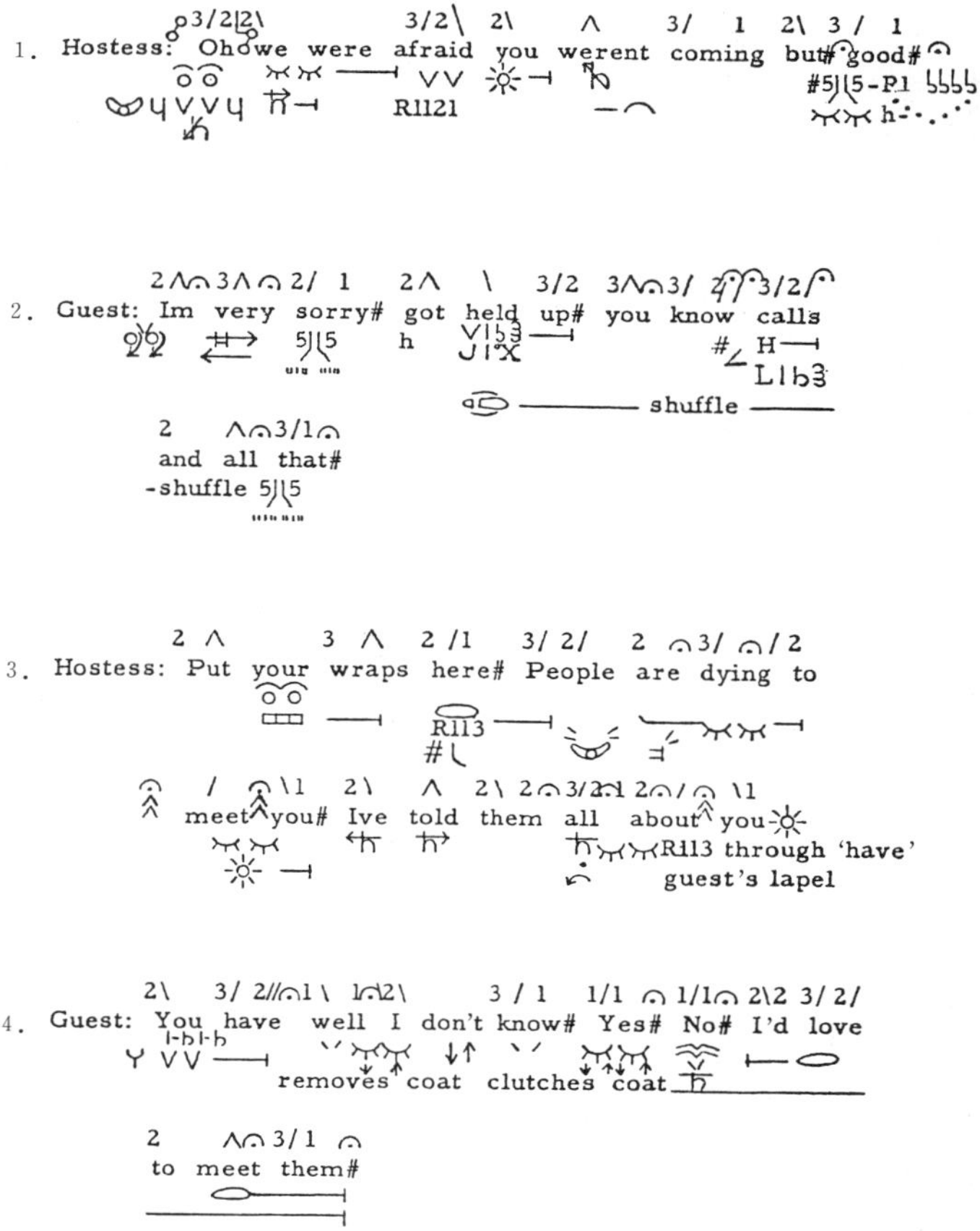
1. Hostess: Ohowe were afraid you werent coming but# good#
R1121
2. Guest: Im very sorry# got held up# you know calls
shuffle
and all that#
-shuffle
3. Hostess: Put your wraps here# People are dying to
R113
meet you# Ive told them all about you
R113 through 'have'
guest's lapel
4. Guest: You have well I don't know# Yes# No# I'd love
removes coat clutches coat
to meet them#

作によって示されたイントネーション変化を「聞く」ことができるということも、実証的に明らかである。

スミスとトレーガーは、話をしている際に言葉で表現される主観的意味が、そのとき用いられているイントネーション、あるいは声の修飾要因と矛盾するときに生じる状態を「不調和（メタ・インコングルエント）」といった。こうした状態は、いったことが一つの文脈的な意味をもち、それにともなう行為が他の文脈的意味をもつという場合に生じる。こうしたデータの利用は、面接者に明らかに有用なものとしての価値をもつ。「メタ・インコングルエンシー」は、キネシクス的な「スリップ」や「どもり」が生じることの認識と同様に、「無意識的行為」に関心をもつ人にとって重要なものなのである。

言語学者ではない人におそらくもっと興味あるのは、仲間集団《イン・グループ》内の会話の実際の過程である。青年期の仲間集団の研究の一部として、われわれは「源と反応の割合」にとくに注目した。この集団の九人の男子のうち三人は、言葉の数でいって、発言の多い人であった。記録場面一五において（三人のそれぞれに対して五場面）、彼らの発言はそこで話された言葉の量の七二パーセントから九三パーセントまでを占めていたのである。

三人のうち一人は集団のメンバーから指導者と目されていた（ところで彼は他のどのメン

バーよりも多くの場合、会話の源となるか、会話に新しい方向を付け加えたのである)。しかしいま一人の指導者と目されている人は、集団の中でもっとも言葉数の少ない人の一人であった。彼はわれわれの数え方によれば中央値の割合で会話の源となっているが、彼の言葉の量は約一六パーセントにとどまっていた。彼のリーダーシップはキネシクス的なものであると思われた。

彼は他のメンバーと比べると、相互作用の連鎖に明らかに関連していない行為をすることはほとんどなかった(こうした「関連していない行為」は、行為を始動《オリジネート》しようとしたが、結果的には不成功に終わった努力と思われる。こうした行為は、もっと小さい子供における類似の行動に関連があると思われるが、より年長者の場合には、集団が応じてこないことを自覚する度合が大きい点が違う)。

まわりの連中に比べて彼は、キネシクスの面ではもっと「成熟」していたのである。彼は「足をひきずって歩いたり」「劇的な考え」をもち出すことはより少ないのである。そうしたものは、言葉での表現のかわりに用いられるキネモルフ的構成物なのであるが、それはこの集団の特徴でもあった。そして彼は仲間たちに比べて、手や口によるキネモルフ的構成物を表現することは少なかった。彼は口に出すことは比較的少ないが、すぐれた会話者として知られていたのである。
この男子をキネシクス的に分析してみると、彼が「すぐれた聞き手」であることが明らかであった。彼の反応が不調和《メタ・インコングルエント》であることはめったになかった。彼は顔と頭部のキネモルフで会話を進行させた。焦燥、不快、あるいは否定といった文脈的意味を一般には伝える足のゆすりを彼がみせるようなことはほとんどなかった。

(Ray L. Birdwhistell イースタン・ペンシルバニア精神病研究所員、人類学者)

4 先史芸術の空間概念

S・ギーディオン

空間概念の問題は、いたるところで検討中である。たとえば学者たちは、次のように自問する。

「人間の歴史の過程を通じて、人間性で何が変わり、何が変わらずに残っているだろうか。われわれを他の時代から区別しているのは何だろうか。長い間、意識下におさえられ追いやられていたが、今や現代の芸術家たちの想像力に再び登場しているものは何だろうか」

この人間の経験の連続性という問題につき、私はこの五、六年たいへん興味を覚えた。とくに人類最初（先史）の芸術および人類最初（エジプトとシュメール）の建築との関連について興味を覚えた。

そして間もなく現存している原始芸術の写真複製が現代の芸術史の要求にきわめて不十分であることに気づいた。それで私は、自らフランスやスペインの洞穴に数回足を運んだ。はじめはスイスの著名な写真家フーゴー・P・ヘルデークといっしょに、のちにアヒレ・ワイダーと三人で訪れた。

しかし二年前、ヘルデークが不慮の死を遂げて以来、ワイダーと二人だけになってしまった。われわれはいっしょに必要な写真を集めてきた。もちろん当面の問題の解明に役立つような写真を注意深く選んだ。このような洞穴で一日八、九時間も働こうとしたことのある人なら、こういう写真を撮るのがどんなに苦労かわかるだろう。われわれの撮った写真のなかには、それまで写真に撮ることが不可能とされていたものもある。

しかし、私は単に写真をあさっていただけではない。私は芸術という名の人間の基本的な経験をさらによく理解しようと、とくに努力していたのだ。

この「先史芸術の空間概念」は間違いなく反対論にぶつかると思われる。というのは、私の議論は、先史には「単一の形態が混沌に投げこまれている」という一般論と正反対だからである。芸術は、そのまわりの空間と無関係では、すなわち空間概念と無関係では存在しえないというのが私の持論である。現代の芸術家——たとえばカンディンスキーやパウル・クレーの作品のいくつかの構造——は先史の芸術が必ずしも混沌だとは限らないということを示している。芸術史家はこの無言の教訓を過小評価している。

人間の発展史上、先史時代は建築がまだ出現しない状態である。建築がエジプトやシュメールで発展し、彫刻や絵画に対し優位を占めるやいなや、新しい空間概念が発達した。そしてそれは多くのバリエーションをもってローマのパンテオンの建築物まで存在した。次にその時代から新しい空間概念——もう一つの空間概念——が導入され、それは一九世紀まで続く。三番目の建築的空間概念は二〇世紀初頭ごろから始まる。

触知しえない空間

空間を物理的に限定することは可能だが、その本性からいって空間には限界がなく、触知しえない《インタンジブル》ものである。空間は暗闇に溶け、無限のなかに蒸発する。そこで、空間が目に見えるにはなんらかの手段が必要である。すなわち自然にまたは人工的に形や境界線をもうけなければならない。他のこともみなこれと関係する。空間はつかめるものではないが、知覚できるのである。

この空間の知覚を形づくっているものはなんだろうか。からっぽを仕切って直ちに情緒反応を起こさせるような形態をつくりだすには、一組の複雑な条件が必要だ。はっきりしない言葉の印象が情緒経験に転化する経過を説明しようとすると、それは論理的推論から遠くはずれる。

いったいどうしてこうなるのだろうか。建築の領域では、空間は観察という手段によって経験される。そこでは視覚と触覚が組み合わされる。まず、これは単純に事実を述べたまでのことである。

しかし、直線ないし曲線、面、構成、どっしりしていること、釣り合い、あらゆる種類の形など、きわめて多様な要素の組み合わせとそれぞれの強調の度合いによって、単純な物理的観察も別の世界に置き換えられる。多様な要素は突然、精神性をもった一つの実体、単一体としてみえてくる。このような単純な物理的事実から情緒的経験への移行は、人間のもつ、より高水準の抽象化能力によるものである。これを検討する前に、空間の初期の感知とその優越性をざっとみておく必要がある。

空間概念の生成

空間についてまずいえることは、空間はからっぽであること、そのなかでものが動き、ものが存在するが、それ自体はからっぽであることである。新しいものを発明したり、感覚の印象に精神性を与えるほとんど神のような人間の衝動、すなわち人間の造物性も、空間との関連において作用する。人はそのまわりのからっぽを知覚し、それに精神的な形と表現を与える。

空間を情緒の領域に引き上げるこの移行の効果は空間概念と名づけられる。この空間概念に人間とその環境の関係が描かれる。空間概念とは人が直面する現実の精神的記録である。人間のまわりの世界は変わる。人間は、いうなればその世界と妥協し、世界に対する自分の立場を、形で表現しなければならないと悟る。

一九二四年に出された最初の宣言のなかで、シュールレアリストたちは次のようにいっている。

「人がそれによって表現しようとする純粋の精神の自動現象は、口頭にせよ書かれたものにせよ、その他どんな手段にせよ、思想の実際の働きをする。右記のごとく思想を表現して人は理性によるあらゆる制御からその影響をまぬがれる」（アンドレ・ブルトン著『シュールレアリスム宣言』パリ、一九二四年版、四二頁）

空間概念というのは、可視的環境世界におけるこのような自動的な心的記録なのである。それを記録する本人は通常知らないまま、空間概念は本能的に発達する。空間概念が宇宙、人類、永遠の価値に対する一時代の態度に大きな洞察力を与えているのは、まったくその無意識で、そしていわば衝動的な表明のせいである。

この空間に対する態度はときには徐々に、ときには根底から、絶えず変容する。後述するが、空間概念の数は人間の全発展過程を通じてきわめて少ない。それぞれの空間概念は長い間続いた。しかし、それぞれの期間中、多くのバリエーション、〝転移〟がつくられた。というのは空間との関係はいつも不確実な状態にあり、一つの概念から一つの概念へと自由に移り変わったからである。

原始芸術の空間概念

原始芸術の空間概念とはなんであろうか。いつの時代においてもそうだが、空間概念の意味を、知覚行動を情緒経験に転化する力とするならば、空間との関連に基づかない芸術は存在しえないと断言できる。

時代の空間概念とは世界に対する態度のグラフィックな投影である。それはルネッサンス芸術であろうと、エジプト芸術であろうと、新石器時代の芸術であろうと変わりない。ルネッサンス芸術をみると、そこではすべてが観察者の眼によって支配される。それは平らな表面にのった横長の遠近法的投影法によって描かれた空間概念である。また、エジプト芸術では、同じ物体のいくつかの異なった面が、水平と垂直な面に、歪めないで、実物大に描かれている。また新石器時代の芸術では幾何学的抽象が空間に浮かんだままになっている。

これらの空間概念のうち、最初の二つの根底には秩序感覚があり、これは五千年にわたってわれわれ人間性のなかに根をおろしているものである。この秩序感覚では――少なくともエジプトやシュメール時代以来――人は見るものすべてを垂直なもの、水平なもので見る。われわれは誰でも頭のなかに一種の神秘的なバランスをもっており、それが見るものすべてを、無意識に垂直と水平の関係で測らせてしまう。

この範囲は、絵の構図から日常生活の普通の習慣にまで及んでいる。食卓でナイフとフォークが皿の横に真っすぐ置かれていないとき、机で便箋が吸い取り紙と平行でないとき、われわれはなんだか落ち着かない。しかし、これが存在しうる唯一の秩序概念ではない。垂直面に依存しないもう一つの概念があり、それは原始芸術に起こっている。

先史芸術家の絵画構造はわれわれからすれば理性的ではない。それにもかかわらず、絵画芸術の構成法をマスターすることができた（モーリッツ・エルネス、オズワルト・メンギン著『ヨーロッパにおける絵画芸術前史』ウィーン、一九二五年刊、一二七頁）。

それは、われわれの方法とは別な方法で芸術にアプローチしたからにほかならない。われわれわれは垂直面、水平面の支配を受け入れ、当然のこととしてその系列性、シンメトリーも受け入れて以来、それに慣れ親しみ、それがあまりにも意識に深くしみこんでいるので、これが絶対的な秩序の状況だと思えるようになっている。原始時代のアーチストは、これとはちがうアプローチをしているだけのことである。

ものを垂直面と水平面で見る見方は先史の人間にはなかった。実際、現存している未開人もまだ知らない。原始芸術で表現されることがらは、曖昧さ、明らかに矛盾した存在、われわれのもつような(前後の)時間感覚にはかまわない、からみ合った事件といったものである。先史時代の空間概念と他の時代のそれとを区別するものはなんだろうか。先史芸術の全期間を通じて存在する基準がなにかあるだろうか。私はまったく偶然に、先史芸術家がどのようにしてその芸術構成をし、空間に対する態度をあらわしているかを発見した。

レゼイジからさほど遠くないところに、ロージェリ・バス(フランス南西部ドルドーニュ県)の小さな博物館がある。博物館はおおいかぶさるような岩の真下。ロージェリ・バスは最初の発掘が行なわれた場所の一つである。原始芸術の最初の発見者——フランス人E・ラルテとイギリス人H・クリスティ——は、一八六三年にこの地で発掘作業を行ない、彼らの著作『アキタニアの遺物』でその発見の報告を行なっている。

この小さな博物館に各面がへこんだ三角形の石があり、形がおもしろかったので私をひきつけた。私はそれを日なたに持ち出した。そこで明らかになったのは、左の面の上の部分に、下の方に傾きながら、雄牛の彫られた輪郭があった。その後ろの部分は、後ろ脚とともに石の中に消えていた。しかし背中の線は肩甲骨のあたりが筋肉をひきつらせた形で、深く彫り込まれていた。先史芸術作品では大部分がそうだが、頭は強く形づくられていた。最初見たところでは、牛はやや凸面で低い方に前脚をしっかり踏んばって草を食べているように思えた。

その石を戻そうと持ち上げたとき、たまたま一八〇度の角度でひっくりかえしてみた。そうしてみると、その面の曲線がもう一匹の動物の首と胸を形づくっているのが見えた。われわれの絵の見方からすれば、牛は逆立ちをしていることになる。このカモシカのような動物のぴんと伸びた首と頭は、ちがった角度の光のなかでくっきりと浮かび上がってきた。体の他の部分はおおざっぱにしかあらわされていない。明らかにこの動物は、飛躍しているところを描かれている。その伸ばした前脚は雄牛の頭と並んで横たわり、雄牛の頭は再び光の変化により――少なくともわれわれの眼からは――消え去っていた。しかし、先史の人間の眼は自由奔放である。彼はすべての構成を垂直の平行線にする必要を感じないのである。

この彫られた石はマグダレニア期〔石器時代の最後の時期〕のあまり重要でない作品だが、私は偶然にそれをひっくりかえしてみて、光が動物を出したり消したりするのをみた。このことで先史時代の芸術の意図——その構成原理が突然私にわかってきた。私に明らかになったことは、旧石器時代の人間は事物や空間の見方がわれわれの慣れている方法とはちがうということである。

エスキモーとマグダレニア期芸術

数年前、カナダを訪れた際、トロント大学の人類学者、エドマンド・カーペンターにより、さらにこのことの確信を得た。カーペンターは、ハドソン湾の北にある二万平方マイルのサザンプトン島のアイビリク・エスキモーのところでしばらく生活をともにした。彼の論文「エスキモーの空間概念」で、アイビリク・エスキモーの方向感覚や宇宙感、とりわけ芸術との関連において、彼らの空間概念を調べている。

エスキモー〔イヌイット〕の生活様式は大まかにいえば、氷河時代のマグダレニア人のそれに似ている。エスキモーは北アメリカ・インディアンたちよりも、もっと「原始的《プリミティブ》」である。インディアンはすでに垂直面や水平面の影響を受け、平らな表面にこれらの方向の線を構成する欲求の支配を受けていることがその芸術で示されている。

アイビリク・エスキモーに写真を裏返しに渡しても、彼はそれをひっくりかえそうとはしない。エスキモーの子供たちは紙の上に絵を描いてまだ紙が足りなければ、裏側に残りの部分を描く。このことはエスキモーたちが、骨やセイウチの牙に彫りものを構成する方法に似ている。彼らは「形が牙の端にくるまで描きつづけ、それからその牙をひっくりかえして、反対側にその形を完成させるという癖」をもっている。

「トランプの絵札を扱う場合」とカーペンターは語る。「私だったら絵を正しい向きにして最初はこういう具合に次はそういう具合とトランプをひっくりかえす。アイビリクはそうしない。彼らがものを彫る場合――われわれの基準からいえば――それぞれちがった向きに数々の形を描いている」

カーペンターは親切にもエスキモーのトナカイ・ナイフの柄（現物はトロントのロイヤル・オンタリオ博物館にある）の写真を送ってくれた。その柄には二通りの特異な姿勢をしたカリブーを描いている。一つは警戒しており、もう一つは草を食べている。柄を九〇度まわすと、草を食べている動物が首を上げ警戒しだすのである。

優秀な人類学者のエスキモーについてのいくつかの著作のなかに、よくみつけることだが、探検家がエスキモーに鉛筆と平面の一枚の紙を与え、動物や悪魔を描いてくれと頼む。すると、まったく情緒的感動もない、かなり美しくないものができあがる。それは二次元の物体は表現手段としてはまったく不適当だからである。彼らの想像力に必要なものは、自由に描けるセイウチの牙なのだ。紀元前一五〇〇年ごろアジアからベーリング海峡を渡ってきて以来、西欧世界の影響に侵されていないとするならば、エスキモーは、空間概念を先史の遺産としてしっかり持ちつづけてきたわけである。

芸術遺産の小さな物体からでも、先史時代には面や方向をまったく自由に使っていたことがわかる。マ・ダジル〔ピレネー山脈中の洞穴〕から出た彫刻「槍を投げる人」にはトナカイの角の二つの突き出た端が、異なった方向で向き合っている二頭の馬の頭を彫るのに用いられている。三頭目のは、頭蓋骨で、まったく意外なことには、ひっくりかえしてある。これは〝自分自身との関係〟なしにものをみる見方であり、原始時代の芸術をそれ以降の芸術から特徴づけている。それは無秩序ではなく、異なった形の秩序である。われわれは洗練されたあまり、その秩序のカギを失ってしまった。

洞穴は建築物ではない

先史時代の住居は洞穴の内部ではなかった。ロージェリ・オートやロージェリ・バス（いずれもフランス南西部ドルドーニュ県）でのように人びとはおおいかぶさった岩の下とか、アルタミラ（スペイン）のように洞穴の入口とか、コンパレル（フランス南西部ドルドーニュ県）のように単に洞穴の近くに住んでいた。このコンパレルでは、低い廊下に沿って黒いしみが岩の割れ目近くに見つかった。そこからけむりが出ていたのだろう。

洞穴の内部に人間が住んだ形跡はまったく発見されていない。洞穴は神聖な場所であり、魔術的な力をもつ絵の助けを借りて、神聖な儀式が行なわれた。これらの洞穴は浸食作用でできたものであり、そのため多くの場合奇妙な形をしていた。ときとしてその表面は砂と水とで滑らかに磨かれていた。重い粘土は地面に沈んだが、壁や天井にくっついた場合も多い。地殻隆起の時代を経て、山の小川から濃い石灰水の水滴が天井を通って漉《こ》され、そして、徐々に壁一面に半透明のカーテンを沈澱し、または上から下の方へ、そして地面から上の方へ伸びていき、ついに真ん中で出合い、柱をつくり上げた。

旅行者たちが入ることを許されず、数万年もそのままで残っていたいくつかの洞穴には、たとえばトゥク・ドドゥベール（フランスのピレネー）のように、夢のような結晶が厚く凝縮し、雪のように白く、針のように繊細に地面から伸びている。これらの奇妙な地下の洞穴は疑いもなく驚異と神秘の雰囲気が漂う。しかし気をつけねばならぬ。先史の芸術の容れ物であるこれらの洞穴は、建築物ではないのである。

誰でも、これらの洞穴の奇妙な形を大会堂とか宴会場とか回廊だとか礼拝堂とか、その他なんにでも自由に解釈できる。しかし、あるときははっきりと形があり、あるときはまったく無定形となり、途絶えることなく洞穴の内部は続いていっても、それは実際に建築とはなんら関係ないのである。

カンテラの灯も届かない高い天井かと思うと、苦労して這ってゆかねばならないほど低い管のような通路になったり、突然深く落ち込んだり、大きな転石があったり割石が落ちてきたりする。さらに洞穴には内側しかなく外側はない。以上のような点から、洞穴は建築とはまったく異なるのである。

これらの洞穴は、われわれの意味する空間というものをもたない。というのは、洞穴の中には永遠の暗闇が支配しているからである。洞穴は空間についていえば、からっぽである。これは一人で洞穴から抜け出ようとした人ならよくわかるはずである。懐中電灯の弱い光は、人間のまわりのまったくの闇にのまれてしまい、どっちを向いてもごつごつした岩のトンネルで、おまけに足下のざらざらくずれる坂道が、中に入った人の「迷路の出口はどこか」という声にあらゆる方向からこだまを返す。

光と洞穴の芸術

この永遠の闇の世界で、電気のけばけばしい光ほど先史時代の芸術の真の価値を損なうものはない。不幸なことに、洞穴で写真を撮るときフラッシュをたかねばならないことがよくあるが、私たちはできるだけいつも反射板を利用して柔らかい光を使った。

炎や動物の脂を燃やした小さな石のランプでは、描かれたものの色や線が断片的にちらちらと見えるだけである。このような柔らかいゆれる光で見ると、これらはほとんど魔法の動きを呈する。強い光の下では、彫られた線や色のついた面さえその強烈さを失い、ときにはまったく消えてしまう。柔らかく横から当てた光――側灯――だけがもとの強さを生かしうる。このような方法で、はじめてそのバックのごつごつした岩肌に殺されずに繊細な線画の脈が見えるのである。

先史時代の人間が洞穴を建築物と考えていなかったことについては、これ以上いう必要はないだろう。先史時代人の考えでは、洞穴は単に魔法の芸術に使える場所を提供したにすぎないのだ。先史時代人はこれらの場所を細心の注意を払って選んだ。あるものは、岩の格好が適当だと思ったので選んだ。しかし大部分は、そこに特別の力があると思ったから選んだのである。なにも決まった原則があったわけではない。

だが、よくみられる一つの傾向がある。それは、先史時代人が洞穴を、飾り立てる建造物とみなさなかったことである。秘密のしるしや飾りは非常に近づきがたいところや、両側の壁が狭まってきて単に岩の割れ目くらいになっている洞穴のいちばん奥だとか、そんな場所に置かれている。これらの場合、先史時代人は彼らの芸術作品を人前にさらすより、隠したがったことは明らかである。彼らはそのちらちらするランプのほのかな光の下で出入りしたのだ。

もっとも神聖な作品をその創始者のみ近づきうる場所にしまうという伝統は、エジプトの寺院に引き継がれている。そこでは神像は寺院のいちばん端の暗い地下室に隠されている。王と高僧しかこの場所へ近寄れない。先史時代には自然が与えてくれたものが、ここでは建築物に置き換えられている。

先史時代の人間は洞穴を建築空間とみなさなかったことが明らかになったからには、自然の事物をその目的のために使いえたことがわかろう。ここに新しい先史的空間概念がうかがえる。また、先史時代人が表面を扱うさいの自由奔放な想像力、その表面に対する彼らの態度の自由奔放さがみられる。

表面に対する接近の自由さ

洞穴やおおいかぶさってくる崖の表面は、ときには平らであり、ときには曲がっている。それらは絶えず形や方向や、ときには色も変わっている。これは先史時代の芸術の中心地たるドルドーニュの石灰石の岩や洞穴の場合、とくに顕著である。ここでは氷河が通ったように岩壁は滑らかに磨かれている。しかし表面は規則正しくない。岩壁はありとあらゆる方向にゆるやかに曲がっている。

この多様な表面、方向の無制限な自由と絶え間ない変化、これが先史時代の芸術の根本にある。そしてそれゆえ、先史時代の芸術は他のいかなるものより自然に近いが、それでもなお、人間存在の本質的な特性を維持する方法を知っているのである。

それにもかかわらず垂直面や水平面を選ぶことは可能だっただろう。しかし、それは行なわれなかった。いろいろな傾斜の面があっても、それはなんの役にも立たなかった。ある面が選ばれるには、その面がなにか魔術的な力をもっていなければならない。その場合でも、先史時代の芸術は、われわれの考え方からすれば、面を「飾る」のには用いられない。先史時代には、人間が面を選ぶ方法はまったく束縛されなかった。

このゆえ、先史芸術をもっとよく理解しようとするなら、数千年にわたるわれわれの遺産の一部であるものの見方から、できる限りわれわれを解放しなければならない。線と絵の方向は水平、垂直面とはなんの関係もないのである。それだけでなく面の選択も、その傾斜角度と関係ない。面の構造や形が滑らかだろうと曲がっていようと、ひびが入っていようと、それをフルに使った技倆がうかがわれる。

ペシュ・メルルの天井

二、三の例しかここでは引用できない。ペシュ・メルル〔フランス南西部ロール県〕の洞穴の、いわゆる象形文字の部屋の湿った粘土の天井――それは約一〇メートル×四メートルくらいの寸法だが――にはオーリニャック期〔旧石器時代初期〕に世代ごとに指で祈願する像が次から次へと上に重ねて描かれた。マンモス、鳥の頭をした女神、そして他の生物の断片。
これらは発見者レモチ神父により注意深く写され判読された。彼は、天井の下にあって深みに傾斜しているなめらかな滑りやすい岩の上という非常に危ない場所で、仰向けになって仕事をした。芸術のはじまりであるこの天井のデザインは、空間の上に宙吊りになっている。

ここでも、疑いもなく空間を飾ることはなかった。

数千年後、同じ現象がアルタミラ洞穴の天井にあらわれる。それはマグダレニア期芸術の最高峰である。この岩の天井は地面から五フィート〔約一・五メートル〕しかなく、その下で立ち上がることは不可能である。それゆえ、通路はそこを訪れる人が歩けるよう掘り下げてある。低い天井一面に、動物や巨大なシンボルのフレスコ壁画が広がり、そしてその片側は土に続いている。この天井をよく眺めようとするには、地面と同じ高さで体を伸ばして横たわらなければならない。そうしても、一目で完全な構成の造りを見るのは不可能である。それは大衆のためや、空間を飾るためにつくられたものではなかったのだ。単独で存在するのが魔術である。

初期のペシュ・メルルのやや彎曲した天井も、先史では最高の芸術知識をもっていたアルタミラの天井にしても、建築的空間を広げていない。くぼんだ空間の上に、宙に浮かんで単独に存在する。

ラスコー軸路

曲がりくねった面は同じように扱われる。ときには自然に形づくられたアーチや通路がまともな形をしていて、人の手による作品のようにみえることがある。ラスコー〔フランス南西部ドルドーニュ県〕のドーム状の天井と分岐点のある通路はそのような例である。天井は気孔のない非常に厚い石灰石でできている。凝縮期を経て細い石灰岩の結晶で完全におおわれており、絵を描くには絶好の硬い面を提供している。一方、壁は水平の割れ目をもったぼろぼろの岩でできていて、絵を描くのは不可能である。

巨大な動物を描いたドームは、そこからほとんど軸状につながる通路（軸路と呼ばれる）と同様、曲がった面の扱い方を示している。トンネル状の通路はとくに示唆に富む。最初見たとき、明るい色と結晶体の背景をもった最上部に近い部分が半円状のこの天井は、イタリアのバロック建築の城の回廊のようだった。しかしさらに詳しく見てみると、丸い骨片のマグダレニア期の精密な彫刻に用いられたのと同様の方法が、長く広がったこの曲がった凹面の絵に用いられていることがわかる。

先史時代の赤茶の牛や黄と黒の馬や、区切りやその他魔法のしるしなどがいろいろな角度で自由に置かれているが、それでもそこには普通の構成感があることを痛切に感ずる。よい例が、首や頭が小さくなっている三匹の赤茶の牛のダイナミックな構成だ。その牛たちの胴体の部分は天井に沿って曲がっている。この牛の群にまったく別のスケールで描かれた黄色の「中国の」仔馬が加わり、その他の動物たちの流れは左右に広がる。

このような異なったものの見方は、今日われわれの興味をひくところのものである。この見方で、先史の人間は静止した視点で物事を構成したり、それらを垂直面に直したりする必要なしに、物事をそのままとらえることができたのである。このことはこの傾斜した通路の赤茶の牛の位置によってわかった。われわれの眼には、牛は岩の割れ目を跳び越そうとしているようにみえる。

おそらく、マグダレニア期の人の眼には飛躍も割れ目も映らないだろう。彼らの眼には、他の二頭の仲間入りしようとやってきた三頭目の動物しか映らない。これは、ロージェリ・バスの三角形の石にみたのと同じ観察の原則である。

ラスコーの軸路のいちばん奥には何頭かの馬がある。その一頭は「仰向けざまに四肢を空中へばたつかせて落ちていく」。この「断崖から転落する」馬は、ソリュトレ期（旧石器時代の一時期）によく知られていたように、野生の馬が絶壁の上に追いやられたときの動物の悲劇の証拠として解釈されている。だが、ここでもまた、そのような自然主義の解釈には注意すべきだと思われる。カスティロの多色のバイソンが石筍《せきじゅん》を垂直に登っているのではないのと同様に、ラスコーの馬も割れ目に落ち込んでいるのではないかもしれない。

ラ・パシーガから数百ヤード離れたカスティロの洞穴の二番目の部屋に、このバイソンは見られる。部屋に入るやいなや、力強い腰の部分の大胆な彫りがすぐ眼をひく。なぜならば、それを取り囲む他のものから目立つ石筍の柱の一つに深く刻まれているからである。近寄ってみると、その動物のいくつかの部分——尾、横腹、背中の輪郭、腹——は、一九〇三年にこの洞穴を発見したアルカルデ・デル・リオや、最初にそのことを書物に書き、図で示したブリューユ神父によって記されたように、「自然の岩でできている」(H・アルカルド・デル・リオ、アベ・アンリ・ブリューユ、B・ペール・ロレゾ・シエラ著『カンタブリア地方の洞穴』モナコ、一九一二年刊、一四九頁)。

不規則な凸状面上の原始芸術

先史時代の芸術の場合一般的であるが、氷河時代の狩人の眼はその求める動物のイメージを岩の構造に発見する。ブリューユ神父はこの自然の構造の識別を「外形を採用する」と述べている。二、三本線をひき、少し彫って、色をいくらかつければ、動物が見えてくるのである。

アルタミラではマグダレニア期の芸術家は、それまで知られてなかった色や線に熟達して、天井から下がっているよけいなものを、寝そべったり転落したり立ったりするバイソンに変えることができた。

それより数百年前、カスティロの垂直の野牛の薄い彫りものから、同じ原則——すなわち不規則な面をまったく自由に扱う力——の証拠が見られる。動物が垂直の位置にあらわれようと他のどんな位置にあらわれようと、先史の人間の眼にはまったく無関係なのである。

カスティロのバイソンをつくるにあたり、その芸術家は目の前の形から始めた。後ろ脚の蹄をふくらんだ横腹の真下に正確に彫り込んだ。後ろ脚と腹の自然の輪郭を強めた。たてがみと下の部分に黒い色を少し加えた。その動物の小さな頭、軽く描かれた角、彩色された鼻はほとんど岩の中へ消えている。その張りつめたたくましい体にあらゆる強調が集中されている。

傾いた面上に描かれたバイソン

水平方向、垂直方向に関係なく、あらゆる面に自由に接近するというのが原始芸術の根本原則である。

この例は、芸術作品に背景をはじめて用意しなければならなかったという異常な状況で再び示される。――トゥク・ドドゥベールの洞穴の「聖室」に高浮き彫りで描かれている二頭のバイソンの場合がそうである。バイソンは傾いた面につくられている。その基石は天井から落ちた岩である。洞穴のいちばん奥の、ほとんど近づけない、しかし非常に考えた場所に、バイソンは洞穴の湿った粘土のなかの岩の上につくられていた。垂直位置でも簡単につくることができただろうに、実際はそうしていない。傾斜した面の方がこの呪術的な場面の印象を高めるし、雄のバイソンが登ってゆく姿勢はびっくりするほど生き生きとしている。こうした傾斜面の使用から、原始芸術では面に対する自由な扱いがはっきりとうかがえる。

先史時代に構成感や強調の芸術的感覚があったのかという疑問に対し、これはすばらしい明確な答えとなろう。

はじめ洞穴に流れ込む流れがあり、流れは突然地中に消える。トゥク・ドドゥベールの洞穴自体、入口に達するまでに三段の道を登ってゆかねばならない。入口にはマグダレニア期の足跡が残っている。これにより、ここは天井に鳥の女神像のあるペシュ・メルルの「象形文字の部屋」と似た構造をもつものと思われる。そして最後に、洞穴のいちばん奥の高い円天井の屋根の下、一種の祭壇の上に二頭のバイソンが置かれている。その造形は非常に力強く、異常な空間感覚を発散する。だが実際、その大きさは驚くほど小さい。雄牛は二四・五インチ、雌牛は二三・五インチである。

継続する歴史に生きる

先史時代の芸術の空間概念の特徴は、その視点の完全な独立性と自由さであり、これはその後の時代には見られない。われわれの感覚からすれば、上もなければ下もなく、絡み合ってはっきりした区別もないし、また確かに釣り合った大きさというものもない。たとえばラスコーのドームに見られるようなマグダレニア期の大きな動物がオーリニャック期の小さな鹿と並んでいる。時代と同様、大きさにおいても無茶な並列が当然のこととして受け取られている。すべてが継続する現在は、今日、昨日、明日の不断の混合のなかにあるというのである。

あらゆる先史時代の芸術がこれを実証する。前の絵がなくなっていない限り、以前の作品と後の作品の線がごっちゃになり、ついにはときとして――われわれの眼だけには――訳がわからないように思われる。早くからこれは認められていたが、このような重なりは面倒臭くてそうなったのではなく、前のものを壊すのがいやで、わざとしたのである。二〇世紀初頭、ドルドーニュのもっとも貴重な洞穴を探検したカピタン・ペイロニは、そのときに次のように指摘した。

「異なった時代の絵が互いに重なっているのを見るときはいつもそうだが、後の方の絵は前と全然関係がなくても、前のを壊さない。それどころか、その制作にあたってまったく必要なものである。古い絵はわざと破壊されなかった。反対にまるで神聖なもののように尊敬されていた」(カピタン・ペイロニ著『エジー地方の先史の人間』パリ、一九二四年刊、九五〜九六頁)

先史時代の芸術は狩猟民によってつくられた。そのため、驚くべきことには、多くの洞穴が、先史時代の初期から後期——旧石器時代初期のオーリニャック期から中石器時代のアジール期にわたる三万年を越える時期の作品をもっていることである。これは、われわれの限られた時代概念の範囲外の期間である。

シュメール・エジプト芸術の空間概念

歴史が明らかにしたところによると、空間概念——人間の空間に対する態度——は長い期間にわたり維持される。しかし他の点では大変な変化を見せているかもしれない。残念ながら、このテーマをここでは展開できない。ただ、引き続いて起こった二、三の発展を指摘しよう。

先史時代の芸術は、身近な環境に作品を置かない。先史芸術は背景をもたない。これは芸術遺産の小さな儀式の作品と同様、アルタミラの天井の壁画においても明らかである。これは先史時代の空間概念の固有なものである。すなわち、あらゆる線の方向は平等の権利をもつ。同じことが規則的であれ不規則であれ、あらゆる面についてもいえる。三六〇度、どの角度でも水平に傾けることができる。われわれには逆さに立っているように見える動物でも、先史時代の人間の眼にはひっくりかえっているように映らないのである。というのは、動物はいわば引力の影響を受けずに空中に浮いているからである。先史芸術は背景をもたないのである。

シュメールやエジプトの高度な文化の発生はまったくこれを変えた。無数の方向関係はただ一つの方向関係——垂直に置き換えられた。水平は自然の副産物にすぎず、九〇度の角度に限っている。支配的原則として、垂直が優位になってくるにつれ、軸と二面をもつ対称が、浮き彫りや彫刻や新興の建築の構成にあらわれる。

次の研究で、エジプト芸術の全構成期を通じてのこの発展を追求したい。その時期は、人体のあらゆる部分を含めて、あらゆる方向が垂直方向に関係づけられ、あらゆる面が垂直面に従属することとなる。ここでは単に先史の自由さと対比させるためにあげただけだが、それでも先史時代の表現とつながっている点が一つある。それは、あらゆるものは一つの平らな面に描かれるが、その面は自然の眼に映るがままで、遠近法による実際上の歪曲を許さないということである。エジプト人の眼はこのように平面的にされた形を直ちに三次元に翻訳した。まるで先史時代人の眼がどんな位置にでも動物を置いたと同じような自由さをもって。

二つも例をあげれば十分であろう。第一の例は、古王国時代の女神イネスの原始的な神殿である。この神殿は中庭も周囲の壁も、一つの垂直平面に置かれているように描かれている（A・バダウィ著『エジプト建築の歴史』カイロ、一九五四年刊、図22）。われわれの眼をこのような習慣に調整して、古代エジプト人のようにものを見ることは困難である。このようなものの考え方、描き方は、古代エジプト芸術を通じて変わらなかった。

第二の例は紀元前一五世紀中ごろの壁画で、いわば数学的な投影が達しうる非常な魅力を示している。それはレク・ヌ・レの墓から出たテーベの壁画である（ニューヨーク近代美術館にテンペラ画のコピーがある）。池は、水を汲む二人の召使いによって表現されている。すべてのエジプト芸術と同様、水の深さは垂直のジグザグな線で示されている。池の周りの樹は水平に置かれている。二人の召使いは、形のよい容器で水を汲む。召使いたちの動きは自由で優雅だが、その体はお互いに正しい角度で厳密に関連している。

先史的空間概念と現代の芸術

抽象化、透視化、象徴化は先史芸術と現代芸術の構成要素である。これらが伴う空間は、共通の多くのものをもっている。差異は存在するがここでは触れない。現在われわれの興味をひくのは、その内的関係だけである。その空間は背景をもたない普遍的空間である。

われわれはカンディンスキーやクレーのような芸術家のおかげで、徐々に先史芸術の空間概念をつかむことができる。彼らは必ずしも垂直に固執していない構成にわれわれの眼を開かせてくれた。カンディンスキーの初期の作品——「白い刃」(グッゲンハイム美術館蔵、ニューヨーク、一九一三年)——には、側面空間に描かれた線と色の組み合わせについて、新しく得た自由を開拓しようという情熱を感じる。

クレーも彼独自の方法で同じ道をたどった。彼の有名なもっともよく複製の出ている絵の一つ——「黄色い鳥のいる風景」(バーゼル美術館)——では、鳥が植物学の定義にあらわれないような奇妙な木にとまっている。絵の上側では黄色い鳥の一羽が、空間の流動性を示して、逆さまに描かれている。重力がなく、あらゆる方向に動ける水中の景色が思い出される。

さらにこれが発展すると、あまりよく知られていないが「アド・マルギネム」(一九三〇年)の宇宙的雰囲気になる。遊星が緑がかった曖昧なバックの真ん中に浮いている。その遊星の縁には奇妙な形をしたものが生えている。植物や動物や眼は発生期の形であり、いろいろな意味にとれる先史の混合形のように、それらは、特定の動物学的種属に限られない。そこここに手書きの正確な文字が、これらの形に書き込まれる。すると文字は突然その日常性を失い、発生してきた元の魔術的なシンボルに再転化される。上側から、枝葉のない植物の茎が突きささり、長いくちばしをもった鳥が無重力の空間を逆さまに行進する。この形は先史のモチーフとの類似性を示している。われわれが理解した点は、この恒常性の問題は理性的な直接的な連続性という意味でなく、何年間も底なしの深みに隠れていたが、突然表面にあらわれる人間の心の特性として、むしろ前面に出てくる。そしてこれは現代に起きたのである。

(S. Giedion ハーバード大学デザイン学客員教授)

5 動く目

ジャクリーヌ・タイアウィット

有名なタジ・マハールのあるインドのアグラから二三マイル〔約三七キロメートル〕のところに、日没の色をした砂岩でできた夢の都、ファテープル・シクリがある。人はまったく静寂のうちにファテープル・シクリに近づく。そこはすでに二百年以上も廃都となっているところである。ところが都の中央部（マハーリ・カース）に入るやいなや、気持ちは高揚し、目は恍惚となる。その体験はまことにまれな自由と落ち着きを感じる。軽快に歩き出したくなるような、そしてゆったりと散策したくなるような気持ちになる。目をどちらに向けても眺めはすばらしく、歩を進めるごとに眺めは変わる。硬い石壁が背景にあるかのように見えたのは、透明な幕であったことがあとでわかってくる。

ファテープル・シクリの空間配置

しかしそこにはどこにも固定した中心というものがない。観察する人がそこに立てば全体がとらえられる、というところがないのである。それでいて同時に、どこに立っていても、中心から遠く離れている――舞台脇の観客の――感じを受けないのである。人はマハーリ・カースに足を踏み入れた瞬間から、その情景になくてはならない部分となる。しかし、それは強制されるのではない。それは見る人の歩みに応じて、その人の喜びに応じてしだいにその人に明らかに感じられてくるものなのである。

マハーリ・カースはこの廃都の中央部分であるが、おそらくはここに五万人の人びとが住んでいた。そこはベネチアのサン・マルコ広場よりいくらか広く、ベネチアに似てまわりは建物や空間に縁どられている。もちろん内部にも建物があって、それぞれ空間を区切っている。建築の飾りには非西欧的なディテールがあるにもかかわらず、今日、ファテープル・シクリを訪れる人は、マハーリ・カースの空間配置が、自由と囲い、透明性と落ち着きの相互作用についての近代西欧の考え方によく似ているのにすぐ驚くのである。

このファテープル・シクリの廃都には、なんら偶然的なものはない。その効果は時の経過で生まれたものでもなければ、荒廃のゆえでもない。この都は一五七〇年ころ、アクバル大帝によって一気に建設され、やがて二十数年ののち廃都となった。しかし破壊されたわけではない。

多くの建物自体きわめてすぐれたものではあるが、マハーリ・カースで最高のものは、その卓越した空間配置のプロポーションである。マハーリ・カースの内側およびまわりの建物の多くはそのデザインにおいて対称的であるが、そうした建物の空間配置は軸性のものではまったくないのである。一見してこれは秩序ある構造だということはわかるのだが、西欧の芸術学でいわれるような構造のカギは見当たらないのである。私は以下で、そのカギを探してみようと思う。

単一の目の線的パースペクティブ

われわれは西洋文化で受け入れられている視覚のルールから抜け出て、それが事物をみる唯一の見方ではないのだということを理屈としてだけでも理解するのはきわめて困難である。たとえば、われわれの目は一種の知的なアプローチである単一の視点というものによって、過去五百年の間条件づけられ、あるいは支配されてすらきたのである。これは垂直なものの優位性の承認と同じ程度に知性的なことなのであるが、垂直性よりももっと容易に、われわれの視覚の先天的な性質だと考えられがちである。しかし、それは光学が発達した西欧世界に独特のことなのである。光学者は人間の目を無生物のメカニズムのように、机の上において研究してきたのである。

視覚の科学がもたらしたものは、線的なパースペクティブである。単一の「消点」（バニシング・ポイント）、単一の目――私の目、私の強力な目――による風景の把握なのである。これによってわれわれのまわりのものを認知する仕方に変化が起こり、田舎でも町でも、風景の合理的な編成がもたらされたのである。

こうして「眺望《ビュー》」が出現する。見る人は助けとなる線――普通は並木であったり対称的な路――によって、無限に到達する。これとともに「通景《ビスタ》」が登場する。それはしばしば大きな建物の手のこんだ対称的なファサードのような対象によって組織立てられた眺めであり、それは中央で、ある距離をおいてはじめて正しく見られるものである。それ以外の見方は、意識的にも無意識的にも間違ったものとされたのである――「ここから見るのです」。

線的なパースペクティブが条件づけられた視覚形式であって、その及びうる範囲は限られていて部分的であるということを承認するのは、多くの人びとにとって極度に困難なことであり、不愉快ですらある。「これはまったく私が見たとおりだ」、とわれわれはよい写真を見ていう。それも、カメラが単一の固定した視角をもつもので、線的なパースペクティブを完全に表現するものだからなのである。

中国画の鑑賞方法

しかし、世界にはまったくちがったものの見方をする人たちがいる。

中国画を見るときには、巻物に沿って見ていくか、垂直に上の方に見ていくかする。たとえば、典型的な山岳風景の掛けものの場合、まず鑑賞する人の目に入るのは画の下の方の小《こ》舎《や》か漁夫であろう。彼の目の高さはおそらくは近くの松の木の枝と同じくらいであろう。それから山路が目に入る。しかしそのときまでに見る人の目は動いていて、はじめよりも高いところから場面を眺めわたしていることだろう。やがて彼の動いている目は高い山の草地、あるいは他の休憩の場所に移り、そこから、そこの視点から、なかば雲に隠れた高い山のいただきを見上げることになるだろう。

鑑賞者は中空を飛ぶヘリコプターの座席のカメラのファインダーから見るようなことでは、山の全体を瞬時にとらえることはできない。彼は目を動かして、人間と山との相互関係のなかに参加するのである。同じように、長い絵巻物の場合には、目はゆっくりと右から絵の中を進んでいく。それにつれて場面はつねに変化し、新たに展開する。

対象は見る人から遠のいていくよりも近づいてくるのが普通である。なぜならここでは目が風景を見通すということはめったにない。その絵の方法は線的パースペクティブというよりは並行的《パラレル》パースペクティブの形式である。鑑賞者は場面の一角にいて（場面の焦点ではなくて）、並行的な線は後退につれてしばしば少しばかり開いていく――それによって見る人がつねに中央にいながら、つねに動いていることが強調されるのである。

視点を移して見るパノラマ

この変化してやまない視野、単一の視点という抑制的な一種の目隠しの不在、そうしたものはかつてわれわれの西欧世界についてもいえた。典型的な例は壁画である。

ニューヨークのメトロポリタン美術館にある南イタリア、ボスコレアレの家からとられた西暦のはじめのころの壁画がその例となる。そこにはこまごまと町の情景が描かれている。数階の高さの建物が立ち並んで、それにはバルコニーが張り出して、長い柱廊がある。庭があり、木々や階段や通りが描かれている。見る人は一連のさまざまの視点から情景を把握するのである。その前に立って、あるときには上から出たバルコニーの下を眺め、あるときには張り出した屋根の上に目を移す。しかし、それぞれのところで目に入ってくるものすべて、それぞれの対象は、まさに「正しく」見られているのである。

私が直接読んだものではないが、ギリシャのC・A・ドクシアデスは彼の論文のなかでアテネのアクロポリスの建物の配置が明らかにきわめて慎重に計画された非対称的なものであることを説明しようとしている。彼は視野を二等辺三角形で代表させている。消点ではなくて目が頂点を形成する。次いで彼は、この人間の目をアクロポリスの一連の要地に設定して、それぞれの停泊点において完全に組織立った、バランスのとれた建築風景が見えることを示している。

こうした例を頭において、われわれは再びファテープル・シクリを考えてみることができる。見る人にこのほうに落ち着きと喜びを与えるファテープル・シクリの、高度に知性的かつ組織立った精妙な構造の基礎となっている思考体系を解明するのに、いままであげてきた例は参考にならないだろうか。

マハーリ・カースの中にはいくつか、立ちどまって眺める場所と判断できそうなところがある。なかでも目につくのは、おそらくはアクバル大帝の個人居室のせり出した屋根、パンチ・マハールのテラス（五階建ての歓喜亭）、ディワネ・ハース（小面会室）の入口、それに外庭を見渡せるバルコニー、ディワネ・アーム（大面会室）などである。

こうした場所に立ってみると、慎重にバランスをとったパノラマ式情景が目に入る。たしかに中心目標となるような対象はないのだが、さっと一度見渡してとらえられる情景がそこにはある。それぞれの場合、その場面には透明な中心があり、同一ではないが、同等な興味の対象が左右の視界を限っているのである。

たとえば入口からディワネ・ハースにかけては、右側はパンチ・マハールの高いテラスで、左側はディワネ・アームに臨んだ立派なバルコニーの彎曲した屋根に縁どられて、間に介在する建物の柱の間の透明な空間を通して中央に四角いプールが見える。パンチ・マハールのテラスから見ると、中心にマハーリ・カースの空間があって、左は華麗なディワネ・ハースによって、右はアクバル大帝の居室の高い建物によって縁どられていることになるのである。六〇度から九〇度くらいまでの間をゆっくりと移動するパノラマ的視野の方が、興味の中心を設定してそこから安定した左右対称を求める単一の透視的な見方よりも、このような構造の基礎となっている視覚的な観念により近いものと思える。

現代の見物人がファテープル・シクリでこのような魅力ある安楽さを覚えるのは、この移動する目に提供されるパノラマ的な視野そのもののためということも考えられる。

しかし、いま一つのカギがある。それは建物の配置や柱の置き方による空間のつくり方であれ、あるいは空間と壁面の大きさと形等であれ、あらゆる広がりというものが、明らかに四角を基礎とした、そしておそらくは「黄金分割」に基づいた統制あるプロポーションの尺度にあてはめられているにちがいないということなのである。

変化する西欧人の視野

われわれ西欧の一九世紀の「アカデミックな」建築においては、「黄金分割」はあまりにも誤用されたので、この法則は建築形式の最悪のマンネリズムに関連したものになってしまった。しかし今日、もっともすぐれた建築家で、かつ「美術」派のアカデミズムの死せる手に対する反逆の指導者の一人であるル・コルビュジエが「黄金分割」に基づいて、プロポーションの尺度体系を新たに展開して、これを「モジューラー」と名づけたことはきわめて意義深い。

西欧の芸術家や科学者たちが、固定した視点——静態的な対象と静態的な宇宙の観念——の支配を脱し、動いている視野の重要性を再発見してからすでに五〇年近い。芸術家たちの発見と科学者たちの発見とが密接に関連しているのは偶然の結果ではない。両者は根本的には同一なのである。

日本においては、一九世紀の終わり近くまで——西欧思想の浸透があるまでは——「美術」を意味する「アート」という言葉が日本語にはなかった。それまでは「アート」は、問題を解いたり、家を建てたり、茶を点《た》てたり、ともかく物事の「やり方」だったのである。難解で、想像的な知性と精神の集中を要求する「道」があったのであり、「道」にかかわるものはほとんどなかった。通常の社会の逸脱者としての「芸術家」——単なる「ボヘミアン」あるいは「ジプシー」——は西欧近世の発明品なのである。

われわれ西欧の視野が変化しつつあることの証拠は、われわれのまわりにたくさんある。しかし、われわれはまだそうしたものを知的に組織立って学びえていないので、その多くは意識的な理解の領域外に残されたままである。

移動する目は、いまでは映画やテレビを通じてわれわれの身についている。われわれは場面をある視点から見る。そしてもっと近くに行く——しかもだんだんに近づくのではなくて、一気にである——そして次にはまったく異なった角度からそれを見るのである。われわれはそれがわれわれの目の実際の動きであるので、それを受け入れている。

われわれは意のままに目の焦点をかえ、位置をかえることができるのである。それでいて、われわれはこのことを直ちに現代絵画の変貌と関連づけることはしない。そうした現代絵画では、さまざまの異なった視点の特色が一枚の紙の上に、時間の系列に従ってではなくて、われわれの視覚における記録と同じように併置された断片の形で重ね合わされて《スーパーインポーズ》いることがしばしばある。

われわれは映画を見馴れることによって急速に視点が変わってつながっていくのを「読む」ことができるようになった。「映画見物」の技術に十分に習熟していない人たちだけがとまどうのである。しかしわれわれのほとんどは、現代絵画を読解する訓練を十分には受けていない。

今日、われわれはベルサイユ宮殿の前に立ったとき、見かけ上は——そしてまさに正しく——感銘を受けているようにふるまう（しかし内心では、むしろ退屈なものだと思っている）。われわれはにぎわう大通りを夜歩くとき、一緒にいる人に、外見的には——そしてまさに正しく——これは混乱だという（しかし内心では、むしろすばらしいものだと思っている）。

ここに現代の都市計画の課題がある。内省的な「直観」に（「それでいいように思う」）、あるいはルネッサンスの限られた光学の知見に基礎をおいた古くさい静態的な単一の視点に全面的に依存することなしに、建築物、色彩、空間における運動を組織化するのに役に立つ知識の体系を獲得するカギはどこに見出せるのか。

(Jacqueline Tyrwhitt　ハーバード大学都市計画学教授)

6　純粋な色

フェルナン・レジェ

裸の壁は「死んだ、匿名の表層」である。それはオブジェと色に助けられてはじめて生命を獲得する。オブジェと色は裸の壁に生命を与えるか、あるいはそれを破壊する。色のついた壁は生きた要素となる。

色による壁の変貌は、現代建築のもっとも興味ある問題の一つである。この壁面の変貌を実現させるには、色は自由に設定されなくてはならない。どのようにしてか。

過去の五〇年の間の画家たちの仕事が行なわれる以前には、色あるいは色調《トーン》は対象に密着していた。衣服、身体、花、風景が色を帯びる役目を果たしていたのである。

自由に色を使うためには、壁は解放されて、一つの実験の場になることが必要である。色は囚人のように閉じこめられていた対象から抜け出し、遊離し、分離することが必要であった。

一九一〇年ごろ、私はドローネーと一緒に空間に純粋な色を解放することを始めた。ドローネーは補色の関係に純粋な色を保った実験を行なった。私は補色関係を避け、独立した純粋の色の力強さを発展させることで、まったく反対の方向に道を求めた。

一九一二年、私は「青い女」で純粋の青《ブルー》と赤《レッド》の長方形を得た。

一九一九年、「都会」において幾何学的に描かれた純粋色は最高度に実現した。それは静態的なものにも、動態的なものにもなりえた。しかしもっとも重要なことは、色を分離させて、対象に束縛されることなくそれ自身の塑性の動きを可能にさせることであった。

無限の、彩られた空間へ

広告界がまずこの新しい価値の重要性を理解した。純粋色調は絵画から抜け出して、道路に出て、風景を変えてしまった。新しい抽象的なシグナル——黄色《イエロー》の三角形、青の曲線、赤の長方形——が立ち並んで、自動車を運転する人に指示を与えている。色は新しいオブジェとなり、解放された色は新しい実在となった。

建築家たちはその可能性が建物の内側にも外側にもありうることを理解した。壁紙は消えはじめた。白い、裸の壁が突如としてあらわれた。一つの障害、それは壁の限界であった。

私が「居住性の長方形《ハビタブル・レクタングル》」と名づける空間が変貌しつつある。囲まれた限られた空間——牢獄のような感じは、無限の、彩られた空間に変わっていきつつある。

居住性の長方形は伸縮性の長方形になる。ライト・ブルーの壁は後ろにさがり、ブラックの壁は前に出て、イエローの壁は消えていく。ダイナミックな対照におかれた三つの色で壁をこわすことができる。ライト・イエローの壁の前のブラックのピアノは、居住性の長方形の広さを半分に縮小して、視覚的ショックをつくり出すことができる。

われわれの視覚教育は左右対称性のものであった。現代の風景は、われわれが非対称性を取り入れれば、まったく新しいものになりうる。なんらの遊びも幻覚も許さないような固定した、死んだ状況から、自由という新しい領域にわれわれは入りうるのである。

パリの郊外に住んでいたころ、私は部屋に古い大きなタンスを置いて、その上に身のまわりの品々をのせていた。私はいつもそうしたものを非対称的に並べておくのが好きだった。もっとも大切なものを左側に、その他は真ん中と右側に、というように並べていた。

うちにはメイドがいて、その部屋を毎日掃除していた。私が夕方帰宅してみると、いつも私の身のまわりの品々は対称的に並べ替えられていた。もっとも大切なものが真ん中に、その他のものは両側に置かれていた。私とメイドとは沈黙の戦いを行なったわけだが、それはきわめて長い間つづいた。彼女は私の品々がきちんと置かれていないとどこまでも考えたのである。おそらくは円形の家がこうしたことの研究には適しているのだろう。円形の家は「壁の空間的、視覚的破壊」を見るのに最上の場所となることだろう。

アングル（視角）は幾何学的な抵抗力をもっているので、これを破壊するのはきわめて困難である。建物の外形の大きさ、それが感覚に訴える重さ、その距離は、採用される色によって増大することも減少することも可能である。「黒の外装《エクステリア・ブラック》」も室内《インテリア》の壁と同じように攻撃することができる。

どうして道路や都市を多彩に組織しないのだろうか。第一次大戦中、私はモンパルナスで休暇をすごしていた。そこでトロツキーに会った。われわれはよく色彩都市のすばらしい話をしあった。彼はブルーやイエローの道路の計画にすっかり夢中になって、私にモスクワを訪ねるようにいっていた。

中層階の住居の多い都市には、多くの色彩がことに必要だと私は思う。都市の中心地域には自由な色が不可欠である。建物の内側と外側の多色彩計画。すばらしい中央に導くファサードの変化する色彩。私はそこで大きな移動性の輝くモニュメントを思いついた。そのモニュメントはいろいろ変化することができて、ちょうどカトリシズムが村々に影響を及ぼすのに教会の重要性を見事に確立したように、重要性をもちうるようにすることを考えた。解放された色は新しい材料を混ぜ合わせるのに重要な役割を果たすだろう。そして、光があらゆるもののオーケストレーションのために採用されることになるだろう。

より自由な建造物が待たれる

ロッテルダムの古い工場は暗くて悲しげであった。新しい工場は明るく、色彩豊かで、透明であった。するとなにかが起こった。だれも指示しないのに労働者の衣服はきれいになりきちんとしてきた。彼らは自分たちのまわりに、そして自分たちの内部に、ある重大なことが起こりつつあることを感じた。

三次元を、正しい重さを意識するようになった人間の、精神の解放である。そうした人間はもはや機械の後ろで機械的な労働に従事する影のような存在ではありえない。彼は変化した日々の仕事の前に立った新しい人間なのである。これこそ明日の課題である。

一九三七年、パリの万国博覧会。組織委員会は芸術家たちを呼んで、魅力的なすばらしい効果をどうやったらあげられるかを検討させた。博覧会にきた人たちが家に帰っても、博覧会が心にきざみ込まれているようになる効果をどうやって得るのか。私は提案した。純白のパリ。私は三〇万人の失業者を集めて、家の外壁という外壁を洗って白くすることを要求した。

純白の輝く都市の誕生。夕刻には世界一の照明をもつエッフェル塔がオーケストラの指揮者となって、道路に、白い家々に、多種多様の輝く光をなげかけるのである。飛行機もこのお伽話の場面に参加できるだろう。拡声器からはこの新しい色彩の世界に美しい音楽が流れ出るだろう……。しかし私の計画は拒否された。

古い緑青《ろくしょう》、感傷的な廃墟を固守する人びと。暗く汚れた、それでいてまさしく絵画的な不細工な家々を好む人びと。歴史的な感動の思い出をおおった通俗性の埃《ほこり》が、私の計画の実現をはばんだのである。

われわれは毎日のように「美しい」という言葉を耳にする。美しい橋、美しい自動車。日常生活の品々にまで賦与されているこの美の感情は、実は人が芸術によって脱出したいと感じている深い欲求の証拠である。同じ言葉は日没に対しても用いられる。したがってそれは、自然の美と人の手でつくられた美とに共通する言葉なのである。

それならばどうして美の瞬間を人の手でつくり出さないのか。いそがしいリズムでエネルギーを消耗した名もない人びとが、いこえるすばらしい場所をつくること。新しい自由を駆使して、色と音楽と形を手段として、われわれはそれを実現することが可能なのである。すべてを自由に！

かつては壮大な寺院が数多く建てられた。それらはその時代の文明のしるしであり、その文明を表現するものである。われわれの時代に、われわれが大衆の寺院をもてないとは考えられない。いかなる時代においても建築は、大衆の感覚にもっとも接近した造形的表現のための手段であったのである。建築は視野を支配し、視野を定める。明るい感情、軽やかな尖塔、宗教、垂直性への欲求、高い樹々、工場の煙突、そうしたものすべてが統合され、融合される目も眩むような状況を想像するがよい。

人間は高揚した喜びのの気持ちを表現するのに、自分の腕を頭上に高くあげる。高くせよ、自由にせよ、それが明日の課題である。

(Fernand Léger フランスの画家)

(英訳：Jacqueline Tyrwhitt)

7 口頭と文字のコミュニケーション

デイビッド・リースマン

私は次の三つの大きな問題を扱いたい。⑴話される言葉に全面的に依存する文化と、印刷された言葉に依存する文化との差異、⑵新しいマス・メディアが発達した今日、書かれた言葉の意義は今後どのように変わるか、⑶書物の伝統がまだ十分に定着せず、しかもより新しいメディアがすでに決定的な影響力をもっているような国ではどのような事態が生じうるか、以上三つの問題である。

そもそものはじめ、言葉というものは話される言葉しかなかった。人類学者たちはもう最近では研究対象の人びとを原始人とは呼ばないし、ましてや野蛮人などとはいわない。彼らが好んで使う言葉はそれほど論争的ではない「前文字人《プレリテレイト》」という言葉である。彼らが文字教養《リテラシー》を決定的な分岐点としていることは間違っていないと思う。

もちろん、口頭《オーラル》コミュニケーションの伝統に全面的に依存している前文字人の部族の場合と、中国やインドのように、書かれた文字の伝統をもつ倫理的、知的環境のなかに文字を読み書きできない民衆が生活している農民文化の場合とでは、重要な違いがある。しかし、ここでは次のようなことを指摘するにとどめよう。

オーラル・コミュニケーション社会

オーラル・コミュニケーションが独占的なところでは、老人が経験と娯楽の蓄積庫としての役割を果たす高い地位を占める傾向があり、一方、エジプトのようなところでは、書字は年齢のヒエラルヒーよりは技量《スキル》のヒエラルヒーをつくり出す傾向がある。

文字以前の文化における話し言葉の影響力については、次のアメリカのパパゴ・インディアンの女性の自伝的な記述がそれをよく伝えている。

「村中の男たちはバスケット・キャップ山に集まった。私の父はすべて偉大な人がそうであるように、座って腕を組み、低い声で男たちに話した。

それから男たちは戦いの歌をうたった。

ああ、激しい風よ、吹きつづけよ、

敵がよろめき、倒れるように。

実にたくさんの歌を彼らはうたった。私は女だからそうした歌を全部挙げることはできない。たしかに男たちは歌で敵をひるませ、地ねずみに敵の矢をかじらせたのである。男たちは死んでふくろうになって、アパッチの国に住んでいる戦士を呼び起こし、どこに敵がいるかを告げさせたのである」

こうした話からわかることは、このような人たちの間では、話し言葉、あるいはうたわれる言葉によって動かされる情動的な力というものが非常に強いために、言葉によって遠くにいる敵の勇気もくじけるし、死者をよみがえらせて、小さな動物をしげみの中にスパイのように走らせることもできるのだ、ということである。

この女性が語っているような機会には、父親の静かな声が部族の記憶を共鳴によって引き出すのである。また、これほどの公式の会合ではない場合、たとえば、長い冬の夜などにも、このパパゴ・インディアンの兄弟たちは父親に話をせがむので、敷物に静かに横になった父親は、この世がどのようにして始まったかを、ゆっくりと話しはじめたことだろう。

「この世についての私たちの話は、歌に満ちている。近所の人たちは父の歌声を聞くとうちの戸を開けて、高い敷居をまたいでやってくる。そして家族がつれだって次々にやってくると、うちでは大きな火をたき、寒い夜なので戸を閉める。父の話が一区切りつくたびに、私たちはその最後の言葉をみんなで繰り返した」

ここからうかがえるのは、オーラル・コミュニケーションとその伝統に依存している社会は、われわれの基準からいえば、ペースの遅い社会だということである。子供も大人も、記憶のカーペットを開く余裕がたっぷりあるのである。

口伝の記憶術

話し言葉、あるいはうたわれる言葉は、象徴によるコミュニケーションの環境をそれが独占しているかぎりきわめて強力である。しかし、いったん書物がその環境に入ってくると、事態は一変する。書物はいわば精神の火薬である。本というものは、口頭の伝統では成立しえない「離れた態度《デタッチメント》」と「批判的態度《クリティカル》」を人びとに与える。社会が記憶に依存しているときには、その社会は扇動的指導者と詩人のもつあらゆるテクニックを採用する。韻、リズム、メロディ、形式《ストラクチャー》、反復といったテクニックである。

われわれはもっとも深く感動したすぐれたものを記憶する傾向があるから、オーラル・コミュニケーションの伝統において記憶されやすい言葉は次のようなものであることが多い。すなわち、集団感情のこめられた言葉や、個人個人に子供のような依存感情を呼びさましておく言葉、つまり若者の恐怖や意気高揚、あるいは、老人に対する畏怖の感覚を起こさせる言葉である（もちろん、個人の成立ということには、社会的文化や社会的距離の成立がある程度必要であるから、こうした文化において、近代の意味における個人ということはいえない）。

ところで一方では、ある部族の中には雨乞いその他の儀式の祈りを一言一句正確に覚えているような記憶の専門家がいるとは思われる。そのような部族では個々の言葉は情動的に訴える調子を失い、炉辺の雄弁術にかわって機械的記憶による実習が成立していたといってよい。

前文字人の部族にあっては、まさにすべての人がオーラル・コミュニケーション的伝統の専門家なのである。われわれはメッセージ、あるいはうわさというものは、二、三人の人を経由すると、もう元の形が不明になることを知っているが、エッガンが報告するところによると、フィリピンの離島においては、メッセージがわれわれにとってはまったく驚異的なほど正確にオーラル・コミュニケーションで伝えられるという。こうした部族民にとって言葉は、消防のバケツのように、注意を集中して手渡されるべきものなのである。われわれは書かれた言葉で支えられているので、話される言葉には不注意であってもかまわないと感じているのである。

もちろん別の意味では、われわれすべては前文字人として生活を始めた。われわれの文字の伝統は口頭の伝統によって支えられているのである。大人の文化——おおむね書かれた言葉の文化——では多くの人びとの場合、子供のころの想像世界は消え去ってしまう。それはフロイトが考えたように性的であり、したがって禁止されるものだからというのではなく、文字教養のある大人にとっては無関係であるから消えてしまうのである。われわれはそれでもこの初期の「忘れられた言語」で夢をみる。偉大な芸術家たちはしばしば、この言語を大人の文字言語に翻訳することによって、自らを、またわれわれを更新させるのである。

諺というものは部族的な伝承と知恵の宝庫であり、歴史におけるオーラル・コミュニケーションの段階と文字コミュニケーションの段階との間にかけられた橋である。エドウィン・レーブによれば、諺は経験を抽象し、一般化し、容易に記憶できるかたちで表現したものであり、前文字人のスピーチのスタイルとしては、いわばもっとも文字教養的なものであるが、これが残っているのは牛を飼う人たちの間くらいである。

このような比較的進んだ、準遊牧民的な人たちの間で、明確な所有の規則をつくっておく必要がまず感じられるのである。新しく生まれた牛はだれのものになるのか——ことわざは部族における判断の便利な記憶法である。古い聖典的なものの多くが、ことわざなのである。

隔離を促進する書物

故ハロルド・A・イニスはやや難解に、シュペングラー風にこういっている。つまり、言葉がどのようなものに書かれたかということの方が、言葉の内容よりもむしろしばしば重要であった。たとえば、砂漠のようなところでの貯蔵に便利な軽いパピルスのおかげでエジプトの聖職者たちは暦を支配し、権威主義国家におけるように社会的な記憶を左右することができた。そしてパピルスは空間的にはエジプト王朝の領土的拡大、時間的には聖職者たちの支配の実現に本質的に重要な役割を果たしたのである。

シュメール人の粘土板はパピルスという便利な新しい形式にとってかわられたのである。それはちょうど、テレビやドライブ・インの出現で多くの映画館がだめになったのに似ている。イニスのようなカナダ人がこうした問題をはじめて体系的に研究しはじめたのもわかる気がする。カナダ人は自分たちの国の森林が、『リーダーズ・ダイジェスト』誌やその他のアメリカの大衆文化帝国主義のために、切り開かれていくのを見てきたのである。

書物は最初の、そしておそらくはもっとも重要な大量生産の産物の一つである。書物のもつ影響力を考えてみると、大量生産そのものが人間のマス化をもたらすという通俗的見解がいかに誤ったものであるかがわかる。彩飾をほどこした写本《マニュスクリプト》にとってかわった印刷物は、杼《ひ》のように左から右へと頭をふり、単一の色調とメトロノーム的動作で、なかば自動的な走査器のように強制化された仕事をする沈黙した読者というものをつくり出した。

これは色彩はバラエティに富んだ彩色写本《イルミネイテッド・マニュスクリプト》が普通は集まった人びとの間で声を出して読まれたこと、その彩色が写本に接する体験をより生き生きしたもの、理性的というよりは感覚的なものとしたことと比べると対照的である。こうした写本の段階は歴史的にみると、話し言葉と沈黙の文字言葉の間の過渡期的段階と思われる。映画とテレビは、そうした写本時代につながった質と情動的な状況をいくらか回復したといえるのである。

書物はドアと同じように、隔離をすすめる。書物の読者は、他人の立てる騒音から逃れて一人でいることを望む。子供のマンガの場合も同様である。子供たちはマンガを読むことを一人でいることと結びつけている。子供はテレビを家族と、映画を同年輩の友人と結びつけて考えるのである。

このように書物は読者をその集団と、集団の情緒から解放するのに役立ち、人はそこで書物以外では得られない反応を得て考え、新しい情緒に試しにひたってみることができるのである。

マックス・ウェーバーは商人の会計簿というものが、商人自身と彼の商いを合理的なものにする点に重要性を認めた。多くの歴史家は、聖書の印刷が、ローマ教会の権威に対する挑戦となったことを一般の人びとに教えた。ルター、そしてとくにカルバンは、彼らの教義によって人間の孤独性を高め、一人一人が新約聖書を手にして、巡礼の旅に出ることを勧めるとともに、古い権威にかわるべき新しい権威をうち立てようとしたのである。

しかし、プロテスタンティズムのさまざまの宗派をみてもわかるように、書物というものは権威を弱める傾向をもつのである。商人の会計簿が埋められるべき空白のページをもつように、人は伝統的な権威に挑戦したあと、いつでも「次は」と尋ねるのである。

書物は家族や教区から人びとが自由になるのを助けたのであるが、一方で書物は真の信者たちを互いに接触し合わなくても成立する連繋のなかにつないだ。読み書きができるようになったポーランドの農民は、いまだに農民の世界にいながら、都市の進歩と啓発の世界、イデオロギーとユートピアの世界に自己を同一化させたのである。この同一化には多くの回心の要素が含まれている。そして印刷物それ自身と印刷物が開いてみせた世界とが、彼らにとっての福音となったのである。

文字教養がほぼ普遍的となった国にいるわれわれは、はじめて読み書きができるようになった人びとのもつ印刷物への熱中を忘れてしまっている。メキシコやフィリピン、その他でみられる「一冊読めれば《イーチ・ワン、》一つ学べる《ティーチ・ワン》」運動や、ソ連やその他近代工業化しつつある国における書物（多くの図書館職員が「良書」と呼ぶもの）への貪欲な需要にそうした印刷物への熱中がみられる。カーネギーのような独学で成功した企業人が、アメリカで図書館運動の推進者となり後援者となっているのは偶然ではないのである。

印刷物は中産階級――時間に気を配り、将来を志向し、移動性の高い階級――の勃興と影響力の増大の時期を画すものといえよう。読書と教育は、大植民地時代においてこの階級の人びとが社会で昇進し、移動するのに利用した大道《ハイ・ロード》だったのである。ピューリタンたちに官能的で軽薄と非難された小説すらも、変動する社会において重要な役割を果したのである。

私は『オリバー・ツイスト』や『アンクル・トムの小屋』におけるように、小説が社会変革と市民教育の手段として用いられるということよりも、もっと違うところに利用されていることを考える。つまり、いままで経験したことのないような事態への直接の手段、あるいは生活状況というものにそなえるための手段として用いられるという側面である。これはそう明白にとらえられるものではないが、後年に起こるかもしれない状況のなかでどのように役割を演じればよいのかについて想像のなかで準備する手段となることであり、予想による社会化とでも呼ぶべきものである。

生き方《キャリア》という言葉に含まれている生活の観念自体の形成が、小説、ことに教養小説《ビルドウングス・ロマン》の劇的な構造によって促進されるものである。そうした小説の主人公の動機に読者は関心をひきつけられ、描かれた体験のなかに自己を投影することを要請されるのである。

世界をめぐる書物教養人

オーラル・コミュニケーションの伝統に依存する社会では、個々人は生活周期《ライフサイクル》をもっている。子供の時期、大人の世界への教導《イニシエーション》、大人、老人、死といったライフサイクルである。しかし彼らは、われわれのキャリアという言葉の抽象的意味に相当するものはもたない。

一九世紀の小説は疑いもなく多くの侍女や、それほど多くはないにしてもかなりの貴婦人たちの生き方を狂わせた。しかしそうしたことよりも普遍的な事実は急速に工業化し都市化していく世界、人びとの方向を狂わす世界におけるキャリアについて、小説は個々人の助けとなったのである。その時期にはフィクションのなかの人間の動きと実際の動きとの間の類似性も高く、現実と芸術は互いにほとんど模倣することが可能だったのである。

オーラル・コミュニケーションが人びとを互いに結びつけておくとすれば、印刷物はなににもまして分離させるメディアである。前文字人の部族において、自らも誤解し、他人からも誤解されたような逸脱者は、書物を読むことによってより広い範囲の自己同一性《アイデンティティ》を確立し、身内や世間の敵を理解し、あるいは彼らをひそかに傷つけることもできたであろう。

前文字期にある人びとの地理的移住は、鹿の群れの不可解な移動となにか共通するところがあるが、地理的発見の時代の書物読者は、地理的な移動の経験に精神的に準備できていたといえる。読者は実際にはそれほど見知らぬ遠い人びとのところまで出かけたりしたわけではないにしても、想像において少なくとも故郷を遠く離れていた。

内部志向型の人間が書物によってこのように教育されたおかげで、彼らは意欲的に旅に出るようになった。彼らは異邦人を回心させ、文明の恩恵に浴させ、交易をしようと欲した。彼らと異邦人との出会いで変わるのはつねに異邦人の方で、書物教養人の方は地球をめぐろうとも、社会の階段を上ろうとも、まったく同じ人間として変わることはなかった。

こうしたことの縮図は熱帯地方に住んでいたあるイギリス人の場合である。彼はただ一人、ディナーのために正装し、従僕をはべらし、女王のために乾杯し、六カ月遅れの、ロンドンタイムズ紙の論説を読んで、しかるべく怒るという生活を送っていた。故郷から遠く一人離れていても、印刷物の世界につながっていることで、彼は彼の生活のコースを維持できたのである。

今日ではこうした人たちの後継者は他人志向型であることが多い。彼らは学校教育によるとともに、たぶんに学校外のマス・メディアによって形成された人間である。野心的というよりはPRマン的精神の持ち主である。旅に勇敢に出かけていくというよりは、他人との出会いにそなえておだやかな態勢を整えているのである。世界をめぐるにしても、多くの場合、それはその土地の人たちの好意を獲得するためであったり、彼らの慣習を理解するためであって、自分の利益のために、あるいは神の栄光のために彼らを利用するわけではないのである。

聴き手の感受性を変えたラジオ

その一方でその土地の人たち自身も変わりつつあり、オーラル・コミュニケーションの伝統に依存する社会と、印刷物に依存する社会との間に見られた鋭い差異は、ラジオや映画の導入とともにそれほど大きなものではなくなりつつある。むしろ決定的な差異がみられるのは現地の農民自身の間においてである。

たとえばインド、中東、あるいはアフリカのようにラジオを聴き映画を見にいく人たちと、そうしたものを悪魔の声としてしりぞけ、あるいは自分たちに関係のないものとして遠ざけている人たちとの間には大きな差異が生じてきているのである。

中東では、ラジオ・アンカラやＢＢＣ（イギリス放送協会）、あるいはアメリカのＶＯＡを聴いている農民たちは、そうした外国放送を聴いていない人たちとはちがった感受性をもっている、あるいはもつようになってきていることがわかっている。そうした放送を聞いている人たちは、彼らが実際に体験するより以上の旅に対して、想像のなかで準備態勢を整えているのである。

たとえば、彼らにトルコの大統領になったらなにをするかとか、国外にしか住めないとしたらどこがいいかといった質問をすると、彼らはちゃんと蓄えた意見を――そうした問題についての議論を――もっているのである。

しかし、ラジオも聴かず、映画も見ない伝統志向型の農民たちは、そうした質問に答えることができない。大統領になったらという質問に対しては、「どうしてそんなことを私に聞けるか。どうしてこの私が……トルコの大統領に……全世界の主に！」と答えるだろう。そうしたことを考えること自体が罰当たりなのである。そうした人びとは自分が生まれ育って住んでいるところ以外の土地に住むことなど想像することもできないし、それでもどこかと強く尋ねられると、自分の村を出なくてはならなくなったら死んでしまうだろう、とすら答える人たちがいる。

開発途上国では電気エネルギーと原子力エネルギーの導入によって、石炭と水力の段階が省略されるように、印刷文字の時期がまったく省略されるかたちになるのではないか、と性急にいわれる。おそらくは、映画と放送は、その新奇性の段階が過ぎて、印刷物と結びついたかたちで用いられる段階がくれば、印刷物への欲求を喚起することになるだろう。

中世においてヨーロッパの野蛮人たちが、ギリシャの影響力の下に困難な状況のなかを自力で向上していったように、いまだ工業化していない国々も長い間には西欧の科学と技術——社会の組織化についての科学をも含めて——の貯蔵庫に近づくことができるであろう。そしてわれわれの社会には今日でも、喜んでイランの軍隊を育て、イスタンブールの工場をつくる手助けに出かけていく内部志向型の人間がたくさんいるのである。

（David Riesman　ハーバード大学教授、社会学・社会心理学者）

8　読むことと書くこと

H・J・チェイター

中世の世界では読み書きのできる人は少なく、ほとんどの人たちは今のわれわれのような方法や、われわれのような手軽さでは読み書きができなかったと思われる。彼らが頭を悩まして難解なアイディアを体得するとき、話されたスピーチ、あるいは書かれたスピーチを理解するうえで、いかなる精神的プロセスがともなっていたかを考えてみる必要がある。

心理学者たちは、このような命題にはけっして同意しないが、その意味するところを次のように説明すれば、多くの心理学者も受け入れてくれるはずである。

たとえば、われわれがGive me that book.という語句を聞いたとき、bookという単語は聞きなれた音の配列として認識される。心理学の用語でいえば、われわれはそこから「聴覚的なイメージ」を得るわけで、その経験がわれわれをして本というものを確認させる。

この経験は特定の音を認識させるだけでなく、その音のピッチ、強弱、イントネーションをも考えさせる。bookという単語が一つだけ切り離されて発音されても、ある種のイメージはわくが、なにかのジェスチャーか発音の強弱かイントネーションをともなわないかぎり、それは行動を起こさせるような情報をもっているわけではない。

視覚から聴覚へのイメージ変換

言葉の中から一つだけ切り離された単語は、話す人の「トーン」toneによって、異なった意味をもつ。また、すべての言葉は、ある程度「トーン」をもつ言葉である。たとえばGood morningという単純な語句も発音の仕方によって、「あなたに会えてうれしい」とか「うんざりすることばかりだな」とか「ありがたいことに、彼は行っちゃった」とか「またおいでください」とかいう、いろいろな意味になる。

したがって経験は、一つの単語を構成している音以上のものを考えさせる。しかし、われわれは分析するために、その単語に注意力を局限する。聴覚的なイメージは、「本」という視覚的なイメージに置き換えられるが、その場合、聞き手が文字の読めない無学の人ならば、精神的なプロセスはそこまでで終わりとなるだろう。

しかし聞き手が文字を読める人ならば、彼は視覚的な「本」のイメージをさらに

「book」という印刷された単語に置き換えるにちがいない。そしていずれの場合にも、そこには一つの単語を明確に発音しようとする半ば意識された傾向がみられる。この感じが心理学で「筋肉運動知覚」あるいは「スピーチ運動神経」のイメージとして知られているものである。

それゆえ、子供が字を読むことを習う場合、その子供がする仕事は、印刷された記号の中から自分が認識できる聴覚的なイメージをつくり上げることである。その認識ができあがったとき、その子供は単語の発音ができるようになるが、それは先生を満足させるためばかりでなく、印刷された記号を音に変えなければ子供自身、その記号を理解できないからである。その子供は大きな声を出して字を読む。

しかし、話すことより読むことの方が速くできるようになると、その子供の発音は早口のつぶやきに変わり、やがて完全に音声を出さなくなる。このような段階に達すると、子供は視覚を聴覚的なイメージに置き換えているわけで、彼が印刷物に頼りつづけているかぎり、大多数のわれわれと同じように、その条件は不変となるだろう。

われわれが字を読む場合、印刷された単語、つまりその視覚的イメージは即座に聴覚的なイメージに変わる。そこには筋肉運動知覚的なイメージがともなう。そして、声をはり上げて字を読まないかぎり、以上二つのイメージの組み合わせによって「心のなかのスピーチ」ができあがる。これは大抵の人の場合、心のなかで話すことと心のなかで聞くことをともなう。そして印刷物に多く頼っている人の場合、心のなかで行なう音声にならない発音は識閾《しきいき》の下に消えてしまうようである。

しかし、あまり見慣れない手書きの外国語を読むときや、難解な一文を暗記して、それを復唱するときには、心のなかの発音が表面に出てくるにちがいない。したがって、医者のなかには喉をひどく痛めている患者に対して読書をも禁止する人があるという。それは患者は気がつかなくても、読書が発声器官の動きを刺激するからである。

印刷文字に頼る現代人

これと同じようにわれわれが話をしたり、字を書いたりするときも、アイディアは筋肉運動知覚をともなった聴覚的なイメージを呼び起こし、それがただちに視覚的な単語のイメージに変形される。いまや話す人も書く人も、印刷され、書かれた形をとっていなければ、言葉というものを考えられなくなっている。読み書きのプロセスによって演じられる反射作用は、それだけ「本能的なもの」になっており、しかもその作用は、聴覚から視覚への変化が書き手あるいは読み手のなかに隠れてしまうほどの容易さで行なわれ、その間の変化を分析することが至難のワザになっている。

聴覚的なイメージと筋肉運動知覚のイメージは、互いに不可分のものであり、そのようなイメージは分析の目的のためにつくられた一つの抽象である。それは考えられているほど純粋なものとしては存在しない。しかし、ある人が自分の精神的プロセスをいかに説明しようとも、あるいはわれわれの大多数がこの問題を詳しく論ずる資格がないとしても、その人の言葉に対するアイディアは、その人の印刷物による経験のために、取り返しがつかないほど修正されているという事実に変わりはない。

その結果、われわれは書かれたもの、あるいは印刷されたものを参照しなければ、言葉というものを考えることができなくなってしまった。そして多くの人たちは、手書きによるものより印刷されたものを好むが、それは印刷物の方がはっきり見えるからにほかならない。はっきり見えれば、記憶するときの緊張感が和らぎ、熟考の時間を与えてくれるからである。

手紙を読んでもらっている人は、要点を忘れないようにするために、その手紙を見せてくれというだろう。またある人は問題点を忘れないように、講義のメモをとるだろう。どの警官も鉛筆とメモ帳なしでは完璧とはいえないのである。

視覚に訴えることは記憶の助けともなりうる。ほとんどの人たちは、歳をとってからでも、昔ならった最初のラテン語の文法や最初の暗記本のあるページについて、はっきりしたイメージを残している。

だから教育関係書の著者は、学習者にとってはページの〝レイアウト〟がその内容と同じくらい重要なものであることを認識しはじめている。英語のややこしい綴りを覚えるのも視覚を通じての訓練からであり、スペルをよく間違える人は聴覚を通じての記憶を棄て去ることができずに、誤ってしまうことが多い。そういう人たちは、スペルがあやしいとき、単語を紙に書いてみて「こんな格好でいいのかな」という具合に、薄れかけた視覚の記憶を思い出してみることだろう。

聴覚・視覚の連結

聴覚と視覚はひとたび連結されると不可分のものとなる。われわれが話を聞いているとき、話し言葉は聴覚的なものから見ることができるものに転送され、その結果、われわれが記憶しようと思おうが思うまいがそれには関係なく、その言葉は「心眼」で見ることができるようになる。また、われわれがものを読んでいるときも、視覚の印象には聴覚的な知覚がともない、それゆえに、読んでいる文章を聞くことができる。作曲しているときも、われわれは〝心のなかの声〟を書きとることができる。

音と視界、話と印刷物、眼と耳、これらに共通点はなにもない。人間の頭脳は、二つの形の言葉（視覚と聴覚による）を結びつけるアイディアの融合という複雑きわまりない作用を行なってきた。

しかし、このアイディアの融合がひとたび若いうちに行なわれてしまうと、その結果は二つのうちの一つの側面だけを切り離して、明確かつ確実に考えることが永久にできないことになる。つまり、われわれは文字を考えずに音を考えることができず、あたかも文字が音をもっているかのように思い込む。われわれは、印刷された一ページを絵と考え、その文字のスペリングを神聖なものとしてしまう。印刷術の発明は〝印刷された言葉〟を広め、印刷されたものに不滅の権威を与えたのである。

子供はおとなよりも容易に言葉を覚えることができる。子供は聞くことに注意を集中し、視覚に頼る習慣に邪魔されないからである。しかし、それと同じ理由から、子供たちはその言葉に絶えず接していないと、覚えた言葉をすぐに忘れてしまう。

おとなにとっては、子供時代のように単に聴覚に頼ることはきわめてむずかしく、文字に接することを余儀なくされている人たち、たとえば海外に派遣された宣教師は、よく話し言葉を書かれた言葉に直したがる。その人たちは、聞いた言葉を各構成音に分解し、その構成音を表わす記号、つまりアルファベットの記号を見つけることができるようになるまで、まずそれを話された言葉として学びとらねばならない。しかし、こういう作業をするなかで、彼は常に、言葉を文字に書かれたもので眼に見えるものとみなしてきた習慣に邪魔されることだろう。

だが、普通の高等教育を受けた人たちが新しい言葉を学び、見知らぬ単語を聞いたとき、彼はその新しい言葉を分析する能力を備えていて、本能的に、そのスペルはどうか、文字に書けばどうなるか、その語源はなにか、同じ語源の別の言葉はなにか、などと考えるだろう。彼はこのような助けを与えられて、以前の経験に新しく得たものを関連づけ、それを彼自身のボキャブラリーのなかに永久に加えることができるのである。

しかし、彼が聴覚だけに頼っていて、その言葉をすぐに使い、しかもひんぱんに使う環境に置かれていなければ、彼はその言葉を忘れてしまうにちがいない。これは印刷物に接しているがための結果である。聴覚による記憶は印刷インクの中に埋没してしまい、その反面、視覚による記憶が促され、強化される。

言葉が先か、思考が先か

考えるということは厳密な意味でいえば、言葉なしでは不可能である。いろいろなアイディアが識閾に浮かんだとき、それらのアイディアは、心のなかの言葉によって形成される。これはわれわれが、言葉という手段を借りてインフォメーションを受け入れ、取り入れているようなもので、われわれが精神的に思考しているときも、これと同じような方法をとらざるをえない。

またわれわれは相手と議論をするような調子で、自分自身と議論することがあるが、こういう自分自身との議論は言葉を使わずには行なうことができない。それゆえ、アイディアが言葉で形成されないかぎり、そのアイディアは完全に認識されたとはみなされないのである。

しかし、ここに一つの反論がでてくる。それは考える人が言葉をもっていなかったら、彼は考えることができないのか、思想をもっていない人は言葉ももっていないのか、そしてそのプロセスはどう始まるのか、アイディアが言葉に先行するのか、それとも話をするためのの生まれつきの能力があって、それが活動を起こすために外部から与えられるアイディアの刺激というものを、ただ単に待っているだけのことなのか、つまり換言すれば、ニワトリが先かタマゴが先かということである。

この問題は言葉の起源に関心をもっている人たちにとっては興味深い問題だが、これは心のなかで考える方法として心のなかでスピーチをするという現実にはなんの関係もない。この現実こそは、遠くホメロスの時代から今日まで認められていることである。たとえばオデュッセイアはいかだの一人旅の途中、嵐に出合い「……わが心に語りかけた」と、その詩のなかに記述があるし、飲み屋で家庭のもめごとについて一席ぶっている人は、「そんなことやめろと自分に言い聞かせているんだ」といった調子でしゃべりまくるだろう。

もし考える人が文字を知らない無学の人なら、彼の心に浮かぶイメージは聴覚的なものだろうし、反対に彼が文字をよく知っている人なら、そのイメージは視覚的なものとなるだろう。しかもいずれの場合でも、そのイメージには、もし必要ならば、音声による表現（声を出して読むこと）がすぐに付け加えられるであろう。

補正して読み、聞く習慣

これまでいわれてきたように、音声による表現は読み方を習っている子供、文字に慣れていないおとなにとってはどうしても必要なことである。こういう人たちは、書かれた文字、印刷された記号を音に変えなければ理解できない。声を出さない読み方は訓練によって得られるもので、訓練が完全に行なわれたとき、われわれは人間の眼がその要求に応じて適応しているということを意識しなくなる。

いま仮に、印刷された一つの文章を、ちょうど真ん中から二つに切り離して、それを二人の人に見せたならば、文章の前半をもらった人は、後半を渡された人よりも、容易にその文を読むことができるだろう。読み方を訓練してきた人の眼は、必ずしも文字の全部を見るわけではなく、文字は単にその人の知識を呼び起こす一つの示唆《サジエスチヨン》となっているにすぎない。

それと同様に、聞きとりにくい話を聞いているときも、われわれは本能的に聞き逃した音や単語を補っている。また、われわれは文を読むとき単語の一つひとつに眼をとめているわけではない。自国語を読んでいるとき、われわれは文の重要なポイントに眼をとめ、その前後の二、三の文字に注意して、次のポイントに進んでしまう。眼は一つひとつの単語の形を全部見るわけではないが、文の意味を推測するには、それで十分である。

それだからこそ校正読みがむずかしいのである。われわれの普通の読み方ではミスプリントを見逃してしまう。なぜなら、われわれはそれぞれの単語を正しいものとみなして、見慣れてきたからである。文を読んでいるとき、われわれが眼をとめる場所の数は読んでいるものの内容によって異なる。それが外国語の場合、眼をとめる度数は自国語を読んでいるときよりも多いだろうし、省略の多い乱筆の書き文字を読んでいるときなどは、ほとんど一字ずつ読まざるをえないだろう。

暗唱文化の中世

中世の人が文章を読む場合は、これとは大変ちがっていた。文字が読める人は少数で、文章を読む習慣のある人は、そのうちのまた少数者であった。

いずれにせよ、普通の現代人ならば、中世の学者が一年間に読んでいた量より多くのものを、わずか一週間で読んでいるにちがいない。現代人は新聞の見出しを拾い読みし、コラムに眼を通して、興味深い点をさぐり、各ページに眼を走らせて、より慎重に考える価値があるところはどこだろうかと探す。そしてざっと眼を通しながら、そのページの問題点を整理するためにひと休みするが、中世の時代から見れば、こんな現代人ほど風変わりなものはない。

反対に現代人にとっては、包容力の大きい中世の記憶はまったく縁遠いものである。彼らは印刷物とのかかわり合いから解放されて、目新しい言葉を幼児流の方法でたやすく覚えることができたし、それを記憶としてたくわえ、長文の叙事詩をつくり出し、抒情詩をも生み出すことができた。

したがって、ここで二つの点を強調しなければなるまい。つまり中世の人は、少数の例外を除いて、いまのわれわれのように文章を読めたわけではないということ。彼らは、今の子供がなにかをつぶやきながら勉強している程度の段階であったと思えばよい。彼らにとって各単語は、ばらばらの存在であり、ときには単語が一つの問題ですらあった。そして問題が解けたとき、彼はその単語を口ずさんだはずである。この事実は、書き写された文章を編集している人たちにとっては、興味深いことである。

もう一つの点は、文章を読める人が少数で、聞く人が多かったということ、したがって、当時の文学は主として、一般の人が暗唱するために生まれたものであり、それゆえ、性格的には文学というよりも修辞学的なものであった。しかも修辞学の規則が構文を支配していた。

中世文学の知識をざっと学んだだけでも、中世文学の代表作は、一般民衆の前で暗唱するという古代文学の習慣をそのまま受け継いだものであることがわかるだろう。

古代ローマの詩人ユベナリスが訴えた冒頭の一句は、中世時代にも繰り返し語られたことだろう。作家たちは自分の作品を公衆の前で読み上げたが、これが民衆たちに向かって作品を発表する唯一の方法であった。

ギラルダス・カンブレンシスは、オクスフォードで開かれた公開の集会で、三日間にわたって異なった聴衆に向かい、自著『トポグラフィア・ハイバーニェ』（アイルランドの地誌学）を読みつづけた。友人グループの集まりなどで内輪に読むことは、公開の席の朗読会よりはもっと一般的だったわけで、原稿の量がふえ、教育が広まるにつれて、そうした内輪の読み会の数は当然ふえていった。おそらく一般民衆も自分で情報を集めるよりも、人の話を聞くことを望んでいた。

そして、そのことが多数の職業語り手、貴族のおかかえの詩人、吟遊詩人たちを支えていた。彼らは諸国を遍歴して歩いたが、中世社会においては、アラブの文明におけると同様、彼らが必要とされていたのであった。彼らは娯楽を提供する仕事をしていたわけで、その仕事は現代のラジオ、映画に引き継がれた。

われわれ現代人は情報やアイディアの大多数を印刷物から得ているが、中世の人はそれらを口を通して集めた。しかも彼らは文字に接するときでも、きれいな印刷物にお目にかかれるわけではなく、クセのある省略法の多い書き文字を見なければならなかった。その原稿を判読するとき、彼が本能的に考えたことは、そこにある単語を以前に見たことがあるかないかということではなく、それらを以前に聞いたことがあるかどうかということであった。つまり彼は視覚的な記憶ではなく、聴覚的な記憶を思い出すのである。それはもっぱら彼の教養の結果である。彼は口で話された音声の記憶に頼って学んできたのであり、書かれた記号を解釈しながら勉強したのではない。だから彼は語句を判読できたとき、その語を口に出して発音する。

このような心と行動の習性に対する証明が、まだ不十分と思うならば、次のような事実を想起すべきである。つまり、当時はこのようなことは当然のこととしてとくに注意されなかったので、現代のわれわれが知りたいと思っても、その証拠があまり多く残されていないことである。さらに中世の時代に対する証拠としては、ベネディクト修道会の会則があげられる。この会則を見ると、自分一人で読むといっても、ささやくとか、つぶやくのが一般的なやり方であったことがうかがわれる。

またバルンハルト・ペッツはシェンタルのリチャームについて次のように書いている。

「いつものように、私が声を出さず頭のなかだけで懸命に本を読んでいると、悪魔たちは私に大声を出させて文字を読ませようとした。悪魔たちは私が深く理解したものを取り上げようとしたのか、私の読書への内面的な力が弱まれば弱まるほど、外部への音声が強くなった」

これは声を出さないで文字を読むことを習おうとしている人、しかもまだその習慣ができあがっていない人のケースである。

いまの人たちは文字を書き写すときに、原稿から眼を離すことがあるが、そういうときの彼は、心のなかにいま見たものの視覚的な記憶を抱いているのである。ところが中世時代の筆記者たちが抱いていたものは聴覚的な記憶であり、しかも大抵の場合、その記憶は一度に一単語ずつしか覚えられないものであった。

(H. J. Chaytor ケンブリッジ大学聖キャザリンズ・カレッジ学長)

9 コミュニケーション革命

ギルバート・セルデス

印刷技術が発明される以前は、もっぱら声と写本によって意思の伝達が行なわれていた。いずれも、伝達の範囲が限られていて、一人の演説者が一度に意思を伝達できるのはせいぜい数百人程度、文字によって伝えようとすれば手紙とか巻物とかが回覧できる範囲に限られていた。ところが、印刷技術の発明によって無限に複写の可能な意思伝達手段があらわれたわけだ。

それは同時に、文字を知らない者を劣等な位置に追いやり、読み書きという新しい能力を台頭させたばかりでなく、われわれの生活のほとんどあらゆる分野に変化をもたらした。それだけに抵抗も大きかったが、それはちょうど、電子媒体が現在もたらしつつある変化に対する抵抗と共通するものだった。

映画、ラジオ、テレビに対するもっとも一般的な批判の一つは、それらが教科書になりえないというものだが、何世紀か前に書物があらわれたときには、教師が直接生徒に話しかけるという権威が損なわれる、と非難されたものだった。要するに、ある制度が長く続くと、それに従って固定した利害関係が生まれる。そこから利益を得ていた人たちは自分の利益を守る手段としてその制度を守ろうとする。これは過去、現在を問わず共通の現象である。

	〈印刷メディア〉	〈電子メディア〉
(1)	読む能力を要求する	とくに訓練を必要としない
(2)	通常、個人単位で体験する	通常、大勢で体験する
(3)	一度に少量しか吸収されない	大量に吸収される
(4)	伝播が遅い	伝播が早い
(5)	再読、再点検が可能	通常、二度見聞きすることができない
(6)	制作費は比較的安いが、読者の負担が大きい	制作には莫大な費用がかかるが、視聴者の負担が比較的少ない
(7)	各種の少数集団のためにつくられる	大多数のためにつくられる

新しいメディアの受け手の増大

印刷技術が改良され、スピードアップされるにつれて、印刷媒体《メディア》はコストが安くなり、同時に運搬手段の発達によって配達が容易になった。印刷物が手に入りやすくなるにつれて、教育を求める機運が高まり、学校教育のほとんど全分野で印刷物が主要な教材として使われるようになった。

アメリカでは、人口と富と余暇がふえるにつれて印刷物を求める広範な大衆層ができあがった。さらに、印刷技術が一層の進歩をとげ、網版写真や色付き漫画などの挿絵が可能になると、以前ほど読解力を必要としない印刷物が出現した。挿絵に人気が集まり、それが『ライフ』『ルック』など大部数雑誌誕生への道を開いた。かなり知的に高度な内容のものを読ませるのに、視覚的効果を利用するわけである。

マーシャル・マクルーハンのいうように、アメリカに大衆の意見を基盤にした政治が生まれたのが印刷メディアの発達に負うものだとすれば、印刷メディアの後継者である電子メディアは大衆に知識を提供するというよりも、むしろ大衆の意見を巧みに操作し、無力にする傾向をもっているのだろうか。もしそうだとすれば「まじめに考える」大部数雑誌が伝統的な書籍文化の流れを汲むのに対して、タブロイド判新聞や漫画雑誌などは電子メディアと同じ傾向をもつものと考えられる。

映画の出現後、テレビがあらわれるまでの間に、印刷メディアは、あたかも視覚的映像にとらわれやすい人たちをひきつけようとするかのように、ふんだんに挿絵を使いはじめ、その傾向は最高潮に達した。

映画は印刷メディアよりもむしろ演劇にとってかわったとみてよい（ただし、時間についていえば、それまでは読書にあてられていた時間が映画に費やされるようになったといえるかもしれない）。ふだんはあまり読書家でない何百万という人たちが映画のおかげで小説や自伝、歴史などに接するようになった。映画は、それまで演劇がけっして到達できなかった広範な観客を動員し、娯楽を以前よりはるかに安く、近づきやすいものにした。

しかし、それでもなお、映画を見るためには家を離れなければならなかったし、入場券を買うためにカネを払わなければならなかった。子供がなにかよいことをしたほうびに映画を見せたり、大人にしてもそれだけの暇とカネのある人に限られるなど、娯楽とはいってもまだ〝ときおりのもの〟でしかなかった。つまり、娯楽はまだ日常生活から切り離されたところにあった。それを日常生活のなかにもちこんだのがラジオとテレビである。

ラジオはいわばコミュニケーション革命のかなめであった。娯楽、ニュース、知識などがラジオの出現によって、近代史においてはじめて家庭に入り込み、家事と同居するようになった。しかも、一方ではニュースと娯楽を、他方では広告と娯楽を結びつけることによって、日常生活とラジオのつながりはいっそう強いものになった。ラジオは短期間の間に必需品になった。映画のように「ほうびの対象」などではなく、欠かすことのできないものになった。われわれのすべてが、ラジオの提供する娯楽を享受する〝権利〟があると思いはじめていた。

マスコミ時代の話の送り方

『チャイルド・ハロルドの遍歴』が出版されたその日（一八一一年）、バイロン卿は「目覚めてみたら、有名になっていた」といったという。「名犬ラッシー」の映画が封切られた翌朝、ラッシーは一躍有名になっていた。バイロン卿の時代には、『チャイルド・ハロルドの遍歴』が出版されてから一年間に、おそらく二千人程度の人しか読んでいないはずだ。

これに対して、「名犬ラッシー」の映画を見た人の数は一千万人にのぼるであろう。おそらく当時文字の読める人なら誰でもバイロンのことを知っていたであろうし、同じようにラッシーのことは映画に行かない人をも含めて誰でも耳にしたであろう。しかし、一八一一年当時のイギリスでは、おそらく国民の九〇%が文字が読めなかったはずだ。それに比べて、文字が読めなければ映画が楽しめないなどということはない。

話す相手の数が増えるにつれて、話し方も話題もちがってくる。ごく身近にある、簡単な例を考えてみればよくわかる。われわれがあるできごとを話すとき、相手が家族である場合と、知人のグループである場合と、公的な集まりとでは、話し方がちがうはずだ。対話は万人向けのコミュニケーションに向かない。法律専門家が宴会などで緻密な議論を展開しても意味がとりにくい。また、立派な政治家でもマイクの前に立つと民衆扇動家に変わってしまう。この場合は、そうした話し方をせざるをえないからであって、けっして人格が堕落したからでもなければ、媒体や環境によって方針を変えたわけでもない。

適切さについての感覚も要求される。財政問題の専門家がある事業計画について放送する場合、その計画に要する費用は一億六九八七万五九一二ドル八四セントだとはけっしていわない。視聴者が八四セントという半端な数だけを覚えていることのないよう、大まかな、記憶しやすい数字をいうはずである。

一九三四年に、CBSの社長だったウィリアム・S・ペイリーは部下に、日曜日の午後にニューヨーク・フィルハーモニーのプログラムを放送するよう命令した。部下がクラシックの聴取者はたいしていませんというと、「いなければ、つくるまでだ」と答えたという。

おそらく、一九三四年ごろのクラシックの固定ファンは一〇万人程度だったと思われる。一〇年後ニューヨーク・フィルのコンサートがスポンサーつきの番組になったころには、その数はおそらく一千万人ぐらいに増えていた。この番組の聴取者がいかに熱心だったかは次のような逸話を聞けばよくわかる。数年後にCBSはカーネギー・ホールからの生中継をやめて、録音に切りかえた。ところが聴取者から厳しい抗議が殺到して、元どおりに戻さざるをえなくなったという。それほど熱心な固定ファンができあがっていたのだ。

「イギリス人は不安なときにだけ道徳的になる」とバーナード・ショーはいっている。われわれは立派な人生を送るようにすすめる牧師の説教を聞いたり、主人公が幸せになるような映画を見たりするが、そのいずれが自分の人生に大きな影響を与えるか確信をもっていうことはできない。

また、T・S・エリオットもこう書いている。

「われわれに最大の、しかもニセものではない影響を与えるのは、〝娯楽のために〟あるいは〝楽しむだけのために〟読む文学である。しかも、大多数の人たちが〝楽しむだけのために〟読むのは主に同時代の文学である。たとえ〝楽しむだけのために〟あるいは〝娯楽のために〝あるいは〝趣味として〟文学を読んだとしても、その読書はわれわれに全人格的な影響を与える。道徳や宗教に対する考え方も影響を受けるのである」

(Gilbert Seldes ペンシルベニア大学アンネンバーグ・コミュニケーション学部長)

10 仏教における象徴主義

鈴木　大拙

一七世紀日本の最大の俳人の一人である芭蕉は、次の句をつくって俳句の詩的かつ哲学的意義にはじめて自ら開眼した。

古池や蛙とび込む水の音

これは文字の意味に関するかぎり、事実を単純に叙述したにすぎない。ここに古い池がある。おそらくは水草で部分的におおわれ、まわりを草や木の茂みが縁どっているのであろう。なにも妨げるものもなく清らかな春の水面には、先頃の雨でいっそう春らしい新鮮な緑の葉をつけた木々が、その姿を映している。一匹の緑色の蛙が草の間から出て、池にとび込む。波紋は次々に広がって、やがて岸に達する。水にとび込む小さな蛙は、そう大きな音は立てないはずである。

しかし、静寂な環境で蛙がとび込んで立てる音は、おそらくは自然について深く静観していたであろう芭蕉に気づかれないはずはない。その音がいかにかすかなものであったとしても、それは芭蕉を瞑想から目覚めさせるに十分であった。そこで彼は、自分の意識のなかをよぎったものを一七音節の俳句に記したのである。

一つの客観世界の創造

それでは、詩人芭蕉がそのときに得た体験とはなにか。

俳句自体に関していえば、それは彼が目撃した事象を事象として叙述したものであるにつきる。小さな接尾辞の「や」を除いては、その出来事の主観的側面と呼ばれるべきものについての言及はなにもない。たしかに、「や」の存在が作品全体の理解へのカギなのである。これがあることによってこの俳句は、古池にとび込む蛙と、それによって生じた水の音の客観的叙述ではなくなっているのである。

古池はまわりのものを静かに映している水の容れ物にとどまっているかぎり、そこにはなんら生命がない。それがリアリティを確認するには、そこから音が生じなくてはならない。

一匹の蛙がとび込む。すると古池はダイナミックになり、生命に満ちたものとなり、知覚能力をそなえた存在たるわれわれにとって意味をもつものとなるのである。そこではじめて古池は関心の対象に、価値あるものになるのである。

しかしここで重要な観察を行なう必要がある。つまり、詩人であり先見者（あるいは神秘家《ミスティック》）たる芭蕉にとっての古池の価値は、古池以外のなんら特定の源からではなく、まさに古池そのものから生じているのである。いや、古池が価値であるといった方がよい。古池が芭蕉にとって意味あるものとなったのは、芭蕉が古池以外のなにものかと古池がもつ関係に価値を見出したためではないのである。

これをいいかえれば、蛙が池にとび込み、それで水に音が生じたということは、知的にいって、二元論的にいって、あるいは客観的にいって、芭蕉に次のことを意識させた機会であったということなのである。すなわち、彼が古池であり、古池が彼であること、そして、この同一性にいかなる価値があるにせよその価値は、その同一性の事実そのもの以外ではありえないことを芭蕉に意識させたのである。その事実に加えるべきなにものもないのである。

彼がこの事実を認識すると、その事実自体が意味あるものとなる。それになんら加わるべきものはない。その古池は一つの池であり、その蛙は一匹の蛙であり、その水は水である。

客観的対象物は同一である。

いやこれはこういった方がよい。ある日、芭蕉という人がその場所に来て、「水の音」を耳にしたとき、はじめてその蛙、池等々の客観世界すべてが存在したのである。まさにそのときまで、その場面は存在しなかったのである。その価値が芭蕉に認識されたとき、それは芭蕉にとって、一つの客観世界の開始もしくは創造だったのである。それ以後には、その古池はあたかも存在しないもののようにそこにあったのである。それは夢以上のものではなかった。それはなんらリアリティをもたなかったのである。芭蕉が蛙の音を聞いたとき、詩人自身をも含めて、全世界が無から生じたのである。

古池は全宇宙、全宇宙は古池

芭蕉の経験と客観世界の誕生を、さらに別のやり方で説明することもできる。

この場合、芭蕉の側は、古池あるいは小さな緑色の蛙の生命になんら関与していない。主体と客体とはいずれも完全に空無である。しかし古池は古池であり、芭蕉は芭蕉であり、蛙は蛙である。彼らはかつてのままであり、あるいは始めなき過去からのままである。

しかし、芭蕉が池を見るとき、芭蕉は古池以外のなにものでもない。芭蕉が蛙のとび込んだ水の音を聞くとき、芭蕉は蛙以外のなにものでもないのである。とび込み、音、蛙、池、芭蕉が一つでありすべてとなる。そこには完全な総体化《トータリティ》がある。それは完全な同一性であり、仏教の言葉でいえば空の状態、無我の状態なのである。主知主義者あるいは論理主義者は、芭蕉に関するかぎり、これらすべての自然の対象は、最高度の価値をもつリアリティの象徴だというだろう。それが私が説明してきた考え方ではないということは、おそらくすでに明白であろう。

なぜ芭蕉は「古池や」といったのだろうか。この場合、英語の「Oh!」に相当するこの「や」は、俳句全体にとってどのような意味があるのであろうか。この接尾辞は、古池を残余の対象あるいは出来事からとり出して、それを特定の言及の焦点とする力をもっているのである。

こうして古池が言及されると、この俳句に述べられている一連の出来事ばかりではなく、人間存在の世界をつくりあげている事物の無限の総体が、そこから導き出されてくるのである。芭蕉の古池は仏教哲学の華厳《けごん》の体系における法界なのである。その古池は全宇宙を内に含み、全宇宙はその古池に確実に収められているのである。

一が多、多が一

この考え方は、自然数の無限の連続性によっても説明されよう。いずれかの自然数、たとえば5をとりあげるとき、われわれは一つが五回繰り返されているものであることを知っている。そしてこの繰り返しは単に機械的なものではなく、もともと相関連しているものであること、したがって、自然数のつながりは密接に強固に結合し合った有機的な総体であり、そのうちのどれか一つでも失われると、全体のつながりがつながり（あるいは群）ではありえなくなること、さらに、したがって、それぞれの数は全体を代表、あるいは象徴するものであることなどをわれわれは知っているのである。

5という数をとろう。5は単に5なのではない。それは自然数のすべてに有機的に関連しているのである。5が5であるのは、それが単位としてのすべての他の数に関連しているためであり、また、全体としての自然数のつながりに関連しているためである。この5を欠如すれば、全体はもはや全体ではなくなり、あらゆる他の数（4、6、7、8、9など）も自然数に属するものと、もはや考えられなくなるのである。したがって5は、そのなかに無限のつながりをもつ数全体を含むばかりでなく、それはまた自然数のつながり自体なのである。すべてが一つで、一つがすべてである。あるいは、一が多であり、多が一であると仏教哲学でいうのは、そのような意味においてなのである。

芭蕉の「古池」の俳句はこれでおそらく十分、理解しうるものになってきたであろう。古池に蛙がとび込んで音が生じる。その音は空間的にだけではなく時間的に世界の果てまでとどく。俳句のなかのその古池は、われわれが日本のあちこちに見ることのできる普通の池ではない。蛙もけっして春の普通の「緑の蛙」ではない。

俳句の作者にとっては「私」が古池であり、「私」が蛙であり、「私」が音であり、「私」がリアリティそのものであり、これらすべての個々の存在を含んでいるのである。精神の高揚を得たこの瞬間、芭蕉は宇宙そのものである。否、彼は「光あれ」と命じた神そのものである。その命令は「水の音」に対応する。この「音」から全世界が存在を得たのである。

事物の無我を損なう知的作用

では、「古池」あるいは水の音、あるいはとび込む蛙は究極のリアリティの象徴と呼ぶべきものであるのか。仏教哲学においては、古池の裏側にはなにもないのである。なぜならそれはそれ自身において完全であり、それ以外の、あるいはその向こう側にあるなにものかを指し示すものではないのである。古池——あるいは水、あるいは蛙——は、それ自身でリアリティなのである。

古池が主知主義的には自覚の一対象であるがゆえに一つの象徴というのであれば、蛙は象徴であり、音は象徴であり、私が書いているこのペンも象徴であり、紙も象徴であり、作者も象徴である。まことに全世界は、われわれが「リアリティ」と呼ぶものも含めて、象徴なのである。象徴ということはこうしてどこまでもいえるのである。

したがって仏教における象徴主義では、すべてのものが象徴的であり、それ自身に意味があり、それ自身の価値をもち、それ自身以外のなんらのリアリティを指し示すことなく、それ自らの権利において存在することをいうことになろう。空の鳥、野の百合はそれ自身で神の栄光なのである。彼らは神のゆえに存在するものではない。神がいずこかに存在するとすれば、神自身、それらなしには存在しえないのである。

かつてある学識ある中国の高官がある禅の大家にこういった。「荘子は天と地は一頭の馬であり、一万の事物は一本の指であるといっている。これはすばらしい言葉ではないか」。すると禅の大家はこれに答えることなく、庭の花を指さしてこういった。「世の人びとは、夢におけるがごとく花を見る」

禅宗においては、一般化や抽象を行なわない。われわれが、全世界が一本の指であるとか、また、一本の髪の毛の先にシュメール山が踊るとかいうときには、それは抽象である。われわれは古《いにしえ》の禅の大家にならって、われわれは花をそのものとして見ることができない、というべきである。われわれが見るというのは、夢の中で見るようなものである。われわれは花を象徴として見て、リアリティそのものとしては見ないのである。仏教徒にとって存在は意味である。存在と意味とは一つであって分離できない。分離あるいは分岐は知的作用から生じる。そして知的作用は事物の無我を損なうのである。

花の超越的な美

仏教における象徴化の考え方を示す俳句をもう一つあげよう。これは一八世紀の女性俳人〔加賀千代〕の作である。

朝顔に釣瓶《つるべ》とられて貰い水

俳人は朝早く外に出て、井戸から水を汲もうとした。そこで彼女はつるべに朝顔がまきついて花を開かせているのを見つけた。彼女は花の美しさに心を打たれ、自分がなにしにきたのかをすっかり忘れてしまった。彼女はただ花の前に立っていた。彼女がそのショック、あるいは失神から回復したとき、口から出すことのできた言葉はただ、「朝顔に」というのであった。

朝顔の美、その崇高な美しさにはなにも言及することなしに、彼女はいかに深く、いかに完全にその花に心を打たれたかをあらわしたのである。彼女はまったくその花に心を奪われてしまったのである。彼女は花であり、花が彼女であった。その両者があまりにも完全に一つになったために、彼女は自己を失ってしまったのである。無意識の同一化の瞬間から目覚めたときにはじめて彼女は、彼女が花そのもの、あるいは美そのものであることに気がついたのである。

もし彼女が花の前に立って、その美を讃えている詩人であったならば、けっして「朝顔に」とはいわなかったであろう。しかし、彼女が意識を取り戻すやいなや、事態が明らかとなり、彼女は突然、自分が朝の仕事のために水が必要になりこの井戸のところにいたのだということを思い出す。そこで句がつづく。

釣瓶とられて貰い水

俳人がからんだつるを外そうとはしていないことに注目する必要があるだろう。そうしたいと思えば、それは簡単なことである。朝顔を傷つけることなく、そのつるを外すことは容易にできることである。しかし彼女は明らかに自分の俗世の手で花に触れようとはしなかったのである。彼女は優しく花をそのままにしておいた。彼女は近所の家に行って必要な水を貰った。彼女は、つるべに花がまきついたので、という。

彼女が目にした花の超越的な美を侵すようなことは、なにもここでいっていないことは注目に値する。つるべがとられたということに言及しているのは、彼女の女性としての優しさと遠慮のためである。

ここでもなんら象徴主義というものがないのにわれわれは気づく。俳人にとって、朝顔は美を象徴するものではない。それは美そのものである。それは美しいもの、あるいは価値あるものを他に指し示しているのではない。それは価値そのものなのである。その朝顔以外に求めるべきなんらの価値もないのである。美は花を超えてとらえられるべきなにものかではないのである。朝顔において象徴化されるべきもの、あるいは具体化されるべきものは、単なる観念ではない。朝顔がすべてなのである。

仏教哲学の象徴主義

俳人はわれわれの感覚と知性が個々の対象として区別するものを通して、あるいはそれによって、美にいたるのではないのである。この俳人は自身がその側に立ったときの朝顔以外の美は知るところではない。花が美そのものであり、俳人は美そのものである。美は美を認識し、美は美において自らを見出すのである。

われわれが美を区別し、美的対象をみる人について語らねばならないのは、人間の感覚と知性のゆえである。われわれがこうした考え方に固執しているかぎり、象徴主義というものはある。しかし仏教哲学は、いわゆる感覚対象物によって目を眩《くら》まされてはならないことを教える。いわゆる感覚対象物はわれわれをリアリティから永久に引き離すものであるからである。

こうしてわれわれは、仏教には一般に象徴主義として知られているものに対応するなにかがあることを知るのである。仏教はいわば徹底的にリアリスティックなのである。つまりそれはなんらかの特定の対象を他から区別して象徴化することはしないのである。

特定の価値をもつ象徴としてなにかを区別すべきであるとすれば、そこでいわれる価値には、なんらリアリスティックな意味はないのだと仏教はいう。なぜなら、特別に区別しうるような対象はありえないのである。もしなにものかが象徴であるというのであれば、すべてが等しく象徴であり、象徴主義は成立しえなくなる。仏教哲学における象徴主義は、哲学者たちがこの言葉で一般に理解しているものとは、異なった意味内容をもつものだというべきであろう。

(禅の研究家)

平凡社ライブラリー版 訳者あとがき

一度、世の中に出た出版物がたどる運命は、当初その出版に関わった人間にはまったく予測ができないものである。ましてや当初の出版社が、この本の元となった版の出版社サイマル出版会のように、その後、経営上の理由のために事業が継続できなくなってしまったとなればなおのこと、そもそも先がありうるとは思えなくなって当然である。訳者のひとりとして、これはすっかり済んでしまった過去としか思えなかった。

しかし、初版から三五年を経て、すっかり姿を変えてこのように生き返った本書のたどった復活への道筋は、解説で服部桂氏が周囲の状況も含めて記しているとおりである。簡単に諦めてしまう訳者とは違って、出版の仕事にどこまでも粘り強く取り組んでいるひとたちの努力によってはじめて復活は可能となったのである。

出版物というものは、同じ内容のものでもハードカバーで最初に出たものがのちにペーパーバックになったり文庫に変形したりすると、以前に最初の版に触れた読者は、まるで内容まで一新されたような印象を受ける。姿が変わった版で出てくるまでの期間が長ければ長いほど、それはまるで別の出版物であるかのように立ち現れてくる。まさしく「メディアはメッセージ」あるいは「メディアがメッセージ」なのである。時を隔てて姿を変えて現れたこの本を、違った社会的、文化的なコンテキストで改めて読むときに、自分がどのような反応をするのか、私自身、ひそかに楽しみにしている。

三五年経っているということは、本書が最初に出たころに生まれたひとは現在、中堅の社会人として第一線で活躍しているということになる。この版ではじめてマクルーハンに触れる読者もおられることだろう。マクルーハンが一九六〇年代に「旋風」を起こして以来こんにちまで、消えたと思うとまただれかが議論を起こし、議論のなかで言及され、それがまたマクルーハンの新しい読者を作り出す、というサイクルが何度か繰り返された。

最近の例では、マクルーハンの遺稿とされる一九八八年出版の『メディアの法則』の翻訳が昨年秋になって邦訳された。その一年前、二〇〇一年にはこのライブラリー版に解説を書いている服部桂氏の『メディアの予言者――マクルーハン再発見』が出ている。本書がこの何回目かのサイクルに位置づけられ、マクルーハンの初読みや何回目かの読み直しにいささかでも貢献できれば、訳者のひとりとしてこの上ない喜びである。

平凡社ライブラリーに本書を加えることを企画された平凡社の関口秀紀さん、かつてサイマル出版会に編集者としておられ今回ご協力いただいた赤羽高樹さん、そして目配りのよい解説を書いてくださった朝日新聞社の記者でメディア論の研究者でもある服部桂さんにあつくお礼を申し上げたい。久しぶりにお会いした服部さんとの会話は、訳稿の見直しに役立つ多くの示唆に満ちたものだった。

二〇〇三年一月

後藤和彦

解説――マクルーハン理論の源流

服部　桂

あの『マクルーハン理論』が再び出版されると聞いて、懐かしさとともに昔の想いを新たにする人も多いことだろう。一九六七年十二月にサイマル出版会から『マクルーハン入門』という名前で邦訳され、八一年二月に装いも新たに『マクルーハン理論』として出されてから、二十年以上の時が経った。サイマル出版会は惜しくも九八年に破産宣告を受け、同社から出され話題になった多くの翻訳書の行く末が心配されたが、良書として評判の高かった本書が平凡社ライブラリーからコンパクトで読みやすい形で再び世に出ることになったことは、今日の激変するメディア状況を理解するためにも非常に喜ばしいことだ。

この本が最初に出た六七年といえば、「マクルーハン・ブーム」なる大フィーバーが起きた年だった。八月には竹村健一氏の『マクルーハンの世界』(講談社)というマクルーハン理論の解説書が出て、一躍ベストセラーになった。マクルーハンの *Understanding Media* (六四年）が本書の訳者の一人後藤和彦氏の訳で『人間拡張の原理――メディアの理解』（竹内書店）という邦題で出されたのは、十一月になってからのことだった（さらに『機械の花嫁』（五一年）、『グーテンベルクの銀河系』（六二年）はそれぞれ六八年に竹内書店から）。

時代はまさに東西冷戦のさなか。アポロ計画などの宇宙計画が進行する一方でベトナム戦争が起こり、テレビで育った若い世代のカウンターカルチャーに古い世代は混乱し、戦後世界が大きく揺れていた。ブームが起きたというものの、マクルーハンの論文や関連文献はほとんど邦訳されておらず、新聞や雑誌の記事は面白おかしく風俗として取り上げたり、あまりの過熱に警鐘を鳴らしたりするものまで千差万別だった。海外ではニュートンやダーウィン、フロイトなどと並び称されて大きな話題となっているものの、日本ではほとんど誰も知らないマクルーハンという知的彗星（ハーパーズ誌）の到来をめぐって、その姿を少しでも捉えようとする一種の知的飢餓感が日本中に蔓延していた。

そうした中で、マクルーハン本人と同僚たちのメディア研究のエッセンスをまとめた本書が出されたのは、まさに時宜を得たものだった。それというのもこの本が、竹村氏の解説する何にでも役に立ちそうなマクルーハン理論の効用の面白さと、マクルーハン本人の難解な文章の間を埋める、多くのクロスリファレンスを提供してくれたからだ。翻訳にあたっては、メディア関連の勉強会を開催していた訳者の一人の大前正臣氏が、参加者各人に論文を割り振り、後藤和彦氏が中心となって編集作業に没頭して短期間で完成にこぎ着けたと聞く。マクルーハンとその理論に少しでも迫りたい、という当時の関係者の熱意が伝わってくるエピソードだ。

この本の元となった *Explorations in Communication*（コミュニケーションの探究）は六〇年に出版されたが、五三年から五九年にカナダのトロント大学でマクルーハンの研究グループが出していた *Explorations* という雑誌の中から、主要な論文を選んで編纂されたものだ。その邦訳は日本と関係が薄いと思われる八編の論文を除き、二部形式に再構成されている。その一方で、日本の読者に配慮して原書にはないJ・カルキンの解説や、マクルーハンの「テレビとは何か」が新たに付け加えられ、ユニークな論文集にもなっている。

本書に収録された論文はどれも興味深いものだが、特にマクルーハンが『グーテンベルクの銀河系』を書くきっかけとなったH・J・チェイターの「読むことと書くこと」や、聴覚や触覚の重要性を知らしめたS・ギーディオンの「先史芸術の空間概念」、L・K・フランクの「触覚的コミュニケーション」など、マクルーハン理論の源流ともなったいくつかの小論は、マクルーハン本人の表現とは違った角度から新たな理解のきっかけを与えてくれるものだ。収録されなかったもののうちには、カトリックのマクルーハンと対比されライバル関係にあった、プロテスタントの文芸評論家ノースロップ・フライの「詩の言語」や、マクルーハンのアイドルともいうべきジョイスを扱った、W・R・ロジャースの「ジョイスのウェイク」などの興味深い論文も含まれるが、いずれこれらも訳出されることを願いたい。

＊＊＊

マクルーハンは、こうした本格的なメディア研究を展開する以前の五一年に、『機械の花嫁』という最初の著書を世に問うており、文化人類学者が未開部族の風習を解剖するように、広告を素材に現代の文明批評を行う斬新な手法が話題になっていた。三〇年代にイギリスで英文学を学んだ後に、カナダや米国の大学で教鞭をとっていたマクルーハンは、米国の若者の新しいカルチャーに触れてショックを受け、専門である中世文学の手法を用いてそれを理解しようと試みた。その成果が世に認められることで、彼の新しい分野への挑戦が始まった。

当時、自分の専門の英文学にどっぷりつかることに違和感を覚えていたマクルーハンは、英国留学時代に影響を受けたニュー・クリティシズムの手法で、他の分野や文化全般を論じることに興味を持った。そして四〇年代末にトロント大学で出会って意気投合した人類学者のエドマンド・カーペンターや、刺激を受けた政治経済学者のハロルド・イニスの理論を元に、新しい境界領域の研究を行おうと考えるようになった。

　カーペンターは闊達だが皮肉屋で、授業中に卑猥なジョークを連発したり、悪魔本の膨大なコレクションを行っていると噂されるなど、何かと問題になる人物だった。しかし内向的な傾向のあるマクルーハンと外交的な彼の性格は補い合うものがあったのか、二人のコンビはぴったりで、学内では「知的なごろつき」を演じていた。一方のイニスは、マクルーハンに理論的枠組みを示唆してくれた碩学だった。戦前には、カナダの毛皮や干ダラの交易がいかに社会を変容させたかについての本を出版しており、その後はさらにどういう日用品がより広い範囲に影響をもたらすかの研究を続けていた。こうした文脈で新聞やラジオについても論議する彼から、マクルーハンは大きな影響を受けるようになる。

　特にイニスが『コミュニケーションのバイアス』（五一年。邦訳『メディアの文明史——コミュニケーションの傾向性とその循環』新曜社、八七年）という著書で、ある文明がコミュニケーションの基本として石や粘土板などの固定的で長く残るメディアを用いるのか、パピルスなどの運搬しやすいものを用いるかで、その国の文化が時間によらず保守的になるか、空間的に広がり非宗教的になるかを論じたことに強く動かされ、テクノロジー、ひいては言語というメディアがどう扱われるかが、文明の性格を決定すると考えるようになっていった。マクルーハンは当初、イニスと「分野を超えた言語」について*Network*というニューズレターを出して共同研究を行おうと考えていたが、五二年にイニスが他界してしまい、それはかなわなくなった。

それから間もなくマクルーハンは、カーペンターからフォード財団行動科学部門の研究助成金応募のことを聞き、「言語、行動におけるパターンの変化とコミュニケーションの新しいメディア」の研究を行うべく名乗りをあげた。その提案書はイニスの理論を下敷きに、言語学者のE・サピアやB・L・ウォーフの言語理論を加味し、テレビなどの新しいメディアが新しい言語として社会に与える影響を探ろうとするものだった。結局この提案は、学内から出された他の二つの応募をおさえて、五三年五月に二年間で四万四千ドルあまりの研究費を獲得することに成功する。

そこでマクルーハンはさっそく夏の間に、旧知の経済学者のトム・イースターブルック、心理学者のカール・ウィリアムズ、それに建築学者のジャクリーヌ・ティリットらを集めて研究課題を討議し、秋から大学院生を交えたセミナーを開催することにした。そこで扱われた多くの題材は、言語を中心としたメディアと人間の認識を核に、その結果生じる科学と芸術活動を同一のものと捉え、ひいては経済、政治、文化などの各分野を横断して社会全般を統一的に論じる、という革新的なものだった。

＊＊＊

そして、こうした活動を定着させ、さらには恒久的な研究所を作りたいと考えたマクルーハンが、より広い分野の人々に研究成果を伝えようと五三年に刊行を思い立ったのが、*Explorations*だった。この雑誌は総額六千ドルの予算で、それぞれ千部ずつ年三回刊行された。そして時間が経つにつれ、学外からの購読要請に応えることが難しくなるほどの人気を博すようになり、一部ではかなり批判もされたものの、海外を含めたマクルーハンのファンを作り出すことになった。刊行にあたっては、カーペンターが編集長として欧米の識者三十人にまず寄稿を要請し、編集以外にデザインにも腕を振るった。

記念すべき第一号は五三年十二月に刊行され、マクルーハンは、それまでの理論を総括するような「リテラシーなしの文化」(Culture Without Literacy)という論文を書いた。この中で彼は、西欧におけるメディアの歴史を概観し、アルファベットの発明からグーテンベルクの活版印刷発明に至ることで、聴覚中心の文化が視覚中心に移行して、現在もその影響下で電子メディアの持つ新しい言語の意味が理解できないでいると論じている。その語り口は、倫理や個人的感情を排した風刺の利いた「思想なしの観察」と呼ばれるもので、その後の彼が何度も「私は説明しない、探求するのみ」と述べているスタイルそのものであり、雑誌のタイトルを地で行くものだった。

翌年四月に出された第二号では、「芸術形式としてのメディアに関する小論」(Notes on the Media as Art Forms) と題して、メディアの種類によってそれを駆使する人間の経験は大きく変わると論じ、テレビについて初めて明確に言及している。また第五号では「ラジオとテレビ対ABC的精神」(Radio and TV vs. ABCED-Minded) という論文で、ブラウン管を通して向こう側から来る光を見るテレビと、投射された光の反射光を見る映画では、鑑賞者への影響が違うという直感的な論を展開し、徐々にテレビというメディアへの注目を深めていく。

また、本書にも収録されているカーペンターと共同執筆した「聴覚的空間」(Acoustic Space) は、もともと同僚のカール・ウィリアムズが第四号に書いたものだが、マクルーハンの主張を色濃く反映したものだった。従来、視覚を中心に考えられていた空間概念を聴覚に当てはめることで、視覚と聴覚を中心にした世界の認識方法がどう違うかを説いたもので、その後の電子メディアの時代に聴覚を中心にした印刷術以前の世界が復活するというマクルーハンの主張の出発点がここに見える。

結局このプロジェクトが終了することで、五六年七月に第六号にあたる最終号が出されたが、マクルーハンは雑誌の継続を願って出資者を探し、ついにはトロントの新聞『トロント・テレグラム』社長のジョン・バセットからの七千ドルの資金を得て、五七年から五九年まで年一回さらに三号継続することになる。プロジェクト自体は継続することはなく、グループの研究者はバラバラになり、研究組織がすぐできることはなかった（この構想は、結局は六三年に「文化とテクノロジー研究所」という形で実現）。

しかしマクルーハンはその後も活発に活動を続け、五九年には全米教育放送者協会（NAEB）から二十三万ドルの資金を得て、高校生のためにメディアの本質や効果を教えるための教科書作りに専念し、六〇年には「新しいメディアの理解に関するプロジェクトの報告書」を完成する。このプロジェクトから「メディアはメッセージ」という彼の有名な理論が形になり、その後のメディア研究の骨組みが整備されたと考えられる。こうした五〇年代のさまざまな活動の成果が、六〇年代になって『グーテンベルクの銀河系』や『メディアの理解』に見事に結実していったわけで、特に *Explorations* 発行を通して得た研究者との交流は、マクルーハン理論の構想と展開の大きな源泉となったことは間違いない。

現在のメディアの状況は、本書が刊行された時代には想像もできなかった、インターネットやデジタル・メディアの普及によって大きく変容を遂げている。放送を含めたすべてのメディアがデジタル化し、より個人を中心とした情報環境が実現しつつある昨今、当時は抽象的だったマクルーハンが唱えた聴覚や触覚を中心としたメディア観は、よりリアルなものとして伝わってくるようになった。戦後の激動の時代に、これらの底流にあったメディアについてさまざまな角度から言及した本書は、マクルーハンを読み解くための参考文献にとどまることなく、現在のメディア状況を読み解くための基本的なテキストと考えることもできよう。

（はっとり　かつら／メディア論）

平凡社ライブラリー　461

マクルーハン理論《りろん》

電子メディアの可能性

発行日…………2003年3月10日　初版第1刷
2025年6月10日　初版第11刷

編著者…………M.マクルーハン＋E.カーペンター

訳　者…………大前正臣＋後藤和彦

発行者…………下中順平

発行所…………株式会社平凡社

〒101-0051 東京都千代田区神田神保町3-29
電話 (03)3230-6579[編集]
(03)3230-6573[営業]
振替 00180-0-29639

印刷・製本……藤原印刷株式会社

装幀……………中垣信夫

ISBN 978-4-582-76461-1
NDC 分類番号133.9
B6変型判(16.0cm)　総ページ334

平凡社ホームページ https://www.heibonsha.co.jp/

落丁・乱丁本のお取り替えは小社読者サービス係まで
直接お送りください(送料，小社負担)。

平凡社ライブラリー　既刊より

【思想・精神史】

林　達夫……林達夫セレクション1　反語的精神
林　達夫……林達夫セレクション2　文芸復興
林　達夫……林達夫セレクション3　精神史
林　達夫＋久野　収……思想のドラマトゥルギー
エドワード・W・サイード……オリエンタリズム　上・下
エドワード・W・サイード……知識人とは何か
野村　修……ベンヤミンの生涯
宮本忠雄……言語と妄想――危機意識の病理
ルイ・アルチュセール……マルクスのために
マルティン・ハイデッガー……形而上学入門
マルティン・ハイデッガー……ニーチェI・II
マルティン・ハイデッガー……言葉についての対話――日本人と問う人とのあいだの
マルティン・ハイデッガーほか……30年代の危機と哲学
ニコラウス・クザーヌス……学識ある無知について
P・ティリッヒ……生きる勇気

C・G・ユング……創造する無意識——ユングの文芸論
C・G・ユング……現在と未来——ユングの文明論
D・P・シュレーバー……シュレーバー回想録——ある神経病者の手記
R・A・ニコルソン……イスラムの神秘主義——スーフィズム入門
市村弘正……増補「名づけ」の精神史
ミハイル・バフチン……小説の言葉——付：「小説の言葉の前史より」
G・W・F・ヘーゲル……精神現象学 上・下
G・W・F・ヘーゲル……キリスト教の精神とその運命
埴谷雄高……影絵の世界
Th・W・アドルノ……不協和音——管理社会における音楽
Th・W・アドルノ……音楽社会学序説
ジョルジュ・バタイユ……内的体験——無神学大全
ジョルジュ・バタイユ……新訂増補 非-知——閉じざる思考
J・バルトルシャイティス……幻想の中世I・II——ゴシック美術における古代と異国趣味
ジル・ドゥルーズ……スピノザ——実践の哲学
カール・ヤスパース……戦争の罪を問う
R・ヴィガースハウス……アドルノ入門

N・マルコム……ウィトゲンシュタイン――天才哲学者の思い出
黒田 亘編……ウィトゲンシュタイン・セレクション
S・トゥールミン ほか……ウィトゲンシュタインのウィーン
T・イーグルトン……イデオロギーとは何か
廣松 渉……マルクスと歴史の現実
内山 節……哲学の冒険――生きることの意味を探して
伊東俊太郎・広重徹・村上陽一郎……改訂新版 思想史のなかの科学
ポール・ヴィリリオ……戦争と映画――知覚の兵站術
ポール・ヴィリリオ……速度と政治――地政学から時政学へ
ゲオルク・ジンメル……ジンメル・エッセイ集
K・リーゼンフーバー……西洋古代・中世哲学史
J・ハーバマス……イデオロギーとしての技術と科学
M・マクルーハン ほか編著……マクルーハン理論――電子メディアの可能性
A・グラムシ……グラムシ・セレクション
J・G・フィヒテ……浄福なる生への導き
K・バルト……ローマ書講解 上・下
花崎皋平……増補 アイデンティティと共生の哲学